大学はどこまで「公平」であるべきか

一発試験依存の罪

橘木俊詔
経済学者

JN032391

714
中公新書ラクレ

はじめに

２０２０年の日本は新型コロナウイルス禍の進行により、社会や経済は大きな影響を受けた。そして当然のことながら、教育界も多大な影響を受けている。

そうしたなか、大学入試改革をめぐる状況として、大学入試センター試験の後継となる「大学入学共通テスト」が２０２１年1月にスタート。かなりの長時間を費やして準備を進めてきた入試改革がいよいよ動き出したことから、高い関心を集めている。

共通テスト実施までのいきさつは、本書を手にとられた読者の多くの方にとって、おそらく周知のことかもしれない。英語民間試験の導入や記述式問題の導入が見送られるなど、制度が土壇場で二転三転した他、新型コロナウイルス感染拡大の影響を受けて試験日程も変更されるなど、かなりの紆余曲折があったのは確かだ。

制度が二転三転した背景には、この共通テストを「どういう方式で行えばよいか」という論争があった。実際、教育界、政界、マスコミ、受験生、親など多方面にわたる関係者を巻き込んでの論争は今も継続しているわけだが、その焦点は、「共通テストの試験問題に従来のマークシート方式に加えて記述式を入れること」、また「英語の試験で民間のテスト業者の行う試験を採用すること」の二点で、いずれも今回の入試改革の柱として提案された改革案であった。

しかし、結果としてどちらの案も見送りとなり、実現していない。先送りとなった理由の一つとしては、「このような入学試験の方法が果たして公平であるかどうか」という点があるだろう。

これまでの日本の大学入試は、諸所の事情でAO入試や推薦入試などが増えてきたとはいえ、基本は学力に基づく「試験」一辺倒だったと言える。

こうした試験制度では、1点の差で合否が決まる、といった非情さもあろうが、少なくとも、同環境に受験生を集め、その場での試験で学力を測定する方法は「公平」であると頑なに信じられてきた。

そしてそこでせっかく担保した公平性も、共通テストに記述式問題を導入したり、民間業者を関与させたりすることで、出題、採点などに恣意性が入るおそれがあるのでは、つまり、不公平が生じるのでは、との懸念から反対論が提示されたのである。

しかし、本書で詳しく記していくが、現状の大学入試と公平性を論じるのであればその前に、そもそも令和の今、この時代での「公平な入試」とはどのようなものであるべきか、あらためて問い直す必要があると筆者は思っている。

なぜならば、そもそもの設計が「大学生＝エリート」を生み出すための仕組みだったのに対して、少子化の一方で高まる大学進学率を踏まえれば、旧来の「選抜＝試験」という組み合わせが果たして適正かどうか、大いに疑問を感じるからである。また欧米にキャッチアップすれば、それでよかった時代なら詰め込み教育は効率的だったかもしれないが、日本はすでに途上国の立場ではない。より創造的な学生や教育を生み、育てる必要に迫られている。

この点に関して本書では、事態の推移を見つつ、また筆者の外国での経験も参照しながら、自説を展開していきたい。

近年の入試制度改革は、旧態依然とした大学教育のあり方に変革のメスを入れるための一つの施策として打ち出され、議論されてきた感もある。ただし、入試の方式を変えるだけで大学改革ができるわけではないことも明らかだ。

ここで断言するが、もはや18歳人口の5割を超える人が大学に進学している今の日本は、旧制大学のような「エリート養成」という目的のためだけに大学が存在する時代ではない。そこで本書では入試と公平性の問題からさらに視野を広角にとり、新しい時代における大学のあるべき姿を再検討して、望ましい大学制度を提唱していく。

大学の存在意義として、それは「研究と教育を高い水準で行うことにある」という基本に誰も異論はないだろう。だとすれば、入学者の選抜方法もその大学の存在意義に資するものでなければならないはずだ。ところが、「公平」な選抜を基本に構築された日本の大学の研究水準は、高まるどころか近年、低下の只中にある。なぜ「公平」の先で、諸外国と比較して研究水準が落ち続けているのか。その点についても詳しく検討して、望ましい研究と教育のあり方を提唱したい。


最後に。

本書の特色の一つは、筆者の長い外国生活の経験を踏まえて、欧米諸国の大学との比較を行ったことにこそある。もとより欧米の大学のすべてが好ましい状況にあるとはいえない。しかし大学改革が望ましい方向に進んでいくための議論の土台として、諸外国の取り組みや試行錯誤とその成果について知っておくことは有意義であるはずだ。

本書が今後の議論の一助となることを願ってやまない。

目次

第二章　入試罪悪論——なぜ「公平性」が求められてきたのか

第三章　変わるエリートと大学の姿——教育はどう変わったのか　79

編集協力／田中順子
図表作成（1、2を除く）／石玉サコ
図表作成・本文ＤＴＰ／小出正子

大学はどこまで「公平」であるべきか

一発試験依存の罪

第一章

なぜ一発試験依存が進んだのか——大学受験の不都合な真実

■なぜ日本では「一発試験依存」が進んだのか

日本の学校（中学・高校・大学）では、少なくとも昭和から平成の途中まで、入学選抜者の決定が一発試験の結果にほぼ依存してきたのは、読者の多くも実感されているはずだ。では、そもそもその理由はなぜか？

それは、学力試験で選抜するのがもっとも公平だと固く信じられてきたからだろう。しかしこの過重な試験への依存が、いわゆる「入試地獄」を生んだことも相違ない。文部科学省の「学校基本調査」によると、１９６０年代後半や80年代後半から90年代の頭には、大学志願者全体に占める不合格者の比率が４割を超える状況にあったとされる。

そのため、今では死語になった感があるが「四時間寝れば大学に合格、五時間寝れば不合格」ということを指す、「四当五落」という言葉が生まれた。また、そうした事情から「一年間は浪人するのが当たり前」という雰囲気もほんの少し前まで社会にあった。

しかし少子化のあおりを受けて、18歳人口は、90年代前半から今に至るまで、基本的に減少を続けてきた。一方で文部科学省の「文部科学統計要覧」によれば、１９６６年に国公立や私立大学を合わせた総数が346校だった大学数も、2018年には782校まで増えている。つまり、この50年の間に大学数は倍増したことになる。

結果として、今では現役での入学のほうが多数となったが、それでも自分の行きたい大学に最初の入試で合格できなかった場合、「浪人」を選ぶ人はまだかなりいる。

そして、試験尊重の構造の下で大学受験予備校はもちろん、中学・高校の段階から大学進学に備えた中高一貫校の増加や、受験に強い中学・高校への入試競争、さらにはそれらの中学・高校を目指した小学校や幼稚園段階での塾の繁栄が起こるなど、あらゆる教育産業が大学入試を頂点に裾野を広げ、結びついてきた。

ではなぜ日本は試験というシステムを尊重してきたのだろうか？

それは「一発試験で学力を試す」ことこそ、公平さを確保するのにもっとも有効だと信じられてきたからに相違ない。

合格点にたった1点足りなかったために不合格、という悲惨さが生じたとしても、そこには得点という「客観的な数字上での判断」という公平性が担保される。だからこそ、人々も試験で合否を判断されることを「やむをえない」と認識し、許容してきたのだろう。

とはいえ試験である以上、「誰がどのような問題を出し、誰が採点するのか」という課題が常に伴う。そこでここ10年ほどは、これらの課題を中心にして、種々の議論と改革がなされてきたというわけだ。

以下、まずはその改革の経緯を振り返ってみたい。

■戦後の入試改革の流れ

戦後の大学入試改革の歴史を振り返ったとき、最大のイベントと呼べるのは1979年の「共通第一次学力試験」の導入ではなかろうか。

これにより、それまで国公立大学の入学試験において、個々の大学が独自に一度の入試を課していただけだったのが、共通一次試験を加えた二度の試験を課すようになった（なお東京大学などは、共通一次試験導入以前から独自に一次と二次の試験を課していたが、それもあくまで全体においては一部に留まる）。

ここであらためて「共通一次試験」導入後の入試の流れについてざっと整理すれば、一次試験では、国公立大学志望の全受験生が同一問題の試験を受け、その点数を大学に送ることになる。そこでは5教科7科目が課せられていたが、各大学はそれに基づいて、いわゆる

「足切り」を行って一次合格者を決め、それから大学個別の二次試験を受けることになる。その後、共通一次試験は1990年に「センター試験」に変更された。変化の柱は各大学が科目などを選択できるようになったことと、私立大学も希望すれば参加できるということである。その後2006年には英語にリスニングテストが導入され、現在へと至っている。

一方でその間、一次試験は政府有識者会議などを通じ、「達成度テスト」という名称の元に再構成することが検討された。さらにそこから文部科学省の審議会を通じて「大学入学希望者学力評価テスト」に名称が変更されるなど、かなりの紆余曲折を経てようやく「大学入学共通テスト」という名称に落ち着き、2021年度からの実施が決まったということだ。

なお「達成度テスト」構想そのものは2012年から始まっていた。ただし現実の入試を見てみれば、少なくとも2020年まではセンター試験のまま続いており、入試改革はなかなか進まなかったことがむしろよく分かる。

本来なら、入試改革に関しての最終責任は監督官庁である文部科学省が持つこととなる。日本が官僚国家である以上、そこがしっかりしていれば、改革案は決定されるはずだ。

しかし教育改革のみならず、日本の制度改革はいろいろな関係者が関与して民主的に行われるので、決定に時間がかかる。加えて入試改革については、国会議員、教育関係者、マスコミなどがそれぞれに意見を述べるので、議論がなかなか収束しない状況に陥っていたのだろう。

ともあれ中央教育審議会での部会などを経て、検討事項は「わずか一度だけの試験では公平性を保てないので、数回の受験機会を与える」、「試験実施、すなわち出題と採点を民間業者に委任してもよいのでは」、「できれば私立大学受験者も受けることができるようにする」、「試験問題に記述式の試問も課す」などに集約されていった。

■「公平さ」の前で頓挫した入試改革

こうした流れを踏まえたうえで2019年以降の動きを振り返ってみると、さらに論点として、次の二つに焦点が当てられていたことが分かる。

一つは「英語における民間組織の運営する試験の導入」、二つは「国語・数学における記述式問題の導入」である。

民間試験の活用については、全国高等学校長協会などから「見送るべき」という議論が出ていたが、文部科学省はこの二つの改革を実施したいという意向を繰り返し表明。結果として2019年の秋頃には、おおむね決定直前にまで至った。

しかしその年の10月、萩生田光一文科大臣が「自分の身の丈に合わせて2回をきちんと選んで勝負してもらえれば」とテレビ番組内で発言。発言の真意はさておき「勉強のできない人や勉強の嫌いな人、あるいはそういう人が多い高校で学ぶ人は、自分の能力に合った大学を志願すればよい」という趣旨に理解され、感情的な反発を招くと、一気に入試改革に対しての批判論が高まることになる。

そもそも民間試験や記述式の導入に対しては、受験に強い高校の多い地域とそうでない高校が多い地域とで、地域間の格差が生じるのではないか、または費用がかかる以上、経済的な環境に左右されるのではないか、といった「公平さ」をめぐっての批判がくすぶっていた。そこに、大臣自ら格差を是認するような発言が飛び出して、流れが変わったのである。

その後、12月には萩生田大臣がこの二つの改革を見送ることを表明。2020年の1月から新しく「大学入試のあり方に関する検討会議」が始まることになる。

これは筆者の私見だが、政治家にも「規制緩和路線の支持と民間経済の活性化を期待する」一派もいれば、文教族の「大学改革や管理は大学に任せてはいけない」「政府・官僚が中心になって進めなければならない」と考える一派もいて、一枚岩ではないのだろう。

そして、新しいテストが「大学共通テスト」と称されることには決まっていたものの、新型コロナウイルスが２０２０年の初めから全世界的に感染拡大を始めたために、肝心の問題作成や試験の実施方法について、はっきりとした発表が行われないまま、２０２０年も半分が過ぎる。夏ぐらいから再び報道がされ始めたものの、コロナ禍もあり、ますます先行きが不透明な状況が続いているというところである。

■入試の問題点１――大学側の問題

入試改革に立ちはだかる問題とは、もちろん試験の場のみの「公平さ」を問うものだけではない。たとえば、大学側の問題も大いにある。

第一に、日本の大学は歴史的に言えば、大学の自治を大切にしてきた。戦前の国粋主義の時代では、特定の思想（特に共産主義）を持った教授が政治の力によって解雇されるなどの歴史も経て、大学は時の政治権力からの指図から自由でありたいと思うようになっている。

また、「教授の任用・昇進なども自由に行うべき」といった方針から、教授会の自治を保持してきた。もちろん研究の自由、教育の自由を確保することも求め、入学試験も教授会、あるいは大学側がある程度、自由に行ってきた。

とはいえ、文部科学省らの意向をまったく無視して入試を実行してきたわけではなく、国家の文部行政の指示も受け入れてきた。たとえば、先程述べた「共通一次試験」の導入などは国からの指示に従ったと見なしてよいだろう。そのうえで、各大学が個別に行う二次試験は大学側の自由に任されていた。

なぜ共通一次試験が導入されたのかという理由を探れば、当時、各大学の出す問題に奇問・難問が増え続け、収拾がつかなくなっていたため、との見解が一般的だ。そこで全国から選ばれた教授が討議に討議を重ねて、良問づくりに励む体制をつくるべきでは、という意向が各所より高まり、共通一次の試験問題が生まれたのである。

では、なぜ奇問・難問が増え続けたのかといえば、入試問題の作成と採点を一部の教授だけに任せる体制にあったことがその要因として大きいと思われる。逆に、多くの教授は問題作成に関与しなかったのであろう。教授が順番で問題作成にコミットする大学もあっただろうが、自分の研究に忙しいからなどと理由をつけて、ほとんど入試問題作成から離れた立場にいたのである。

そうした体制のなかで、特に教授数が少ないような小規模の大学では、自分の専門と無関係の科目の出題を担当することもあったはずだ。本来、問題作成には国語、数学、英語、理科、社会に関係する学問の専攻者があたるべきだが、現実として、多くの大学教授はこれらの科目を専門にはしていない。入試そのものに関心がなくなるのも当然である。

このように考えてみると、つまるところ、入試問題に奇問・難問が増え続け、収拾がつかなくなった事態を招いたのは、それを作成する側に問題があったと言わざるをえない。加えて、自分のところで「どういう学生を入学させたいか」ということを本気で考える熱意が教授全般に薄く、入試を問題作成と採点、合格者決定を担当する入試委員会などに一任するところがあった。それでいて外部（たとえば高校、政治・経済界、マスコミ関係）の人からの意見や要望を聞いたり、社会情勢に合わせたりすることなく、一人よがりで入試を行っていたにすぎない。

要するに、教授側が「入試とはどうあるべきか」といったことにほとんど関心を払ってこなかったツケが今、回ってきているのである。

■入試の問題点2――基準の問題

第二に入学者の選抜を、学力の高低という基準だけで行うことへの検証や反省がほとんどなかったことも否めない。

外国の大学、特に英米の大学の多くにはアドミッション・オフィスという部局が存在する。そこは入試事務を担当するだけでなく、「自分の大学にどういう学生を入学させたいか」ということを日頃より検討しており、それにふさわしい人を入学させるための対策を実際に企画・実行するという役割を担っている。個別の各大学が入試問題を作成・採点する方法を採用していないからこそ、アドミッション・オフィスの仕事は重要になるのだろう。

一方、日本の大学はあくまで一発入試を主軸として入学者の合否を判定してきた。今になってその弊害が目立ち始めている。

先述したが、学力による一発試験で選抜する方策は、「試験の点数差だけで合否が決まるという非情さが、一方で公平性の担保になる」と大学のみならず、日本人の多くが固く信じてきた。この金科玉条の精神が、むしろ外部からの改革要求に対しての砦となってしまったことは否めないだろう。

面接試験や推薦入試、一芸入試などは、選抜が恣意的になるので「公平に評価されない」という議論が起きやすい。「高校からの内申書を重視せよ」との声に対しても、そもそも高校間で学力差があるので「公平に評価されない」との反論がなされうる。だからこそ、学力試験が持つ「公平さ」が絶対の価値を保ち続けられた。

しかしマークシートなどに頼った問題だけでは採点における「公平さ」は担保されても、どうしても記憶力に頼る面が強くなる。それでは受験生の思考力や表現力を試すことができないのでは、といった指摘が社会の変化に応じて徐々に増えていき、結果「より記述式の問題を導入するべき」との主張がなされるようになった。

加えて少子化が進む一方で大学数が増加した結果、それまでの局面とは異なり、そもそも各大学が学生数を確保することが困難になっていく。そこで学生確保のための対策として、一発試験以外の方式を積極的に導入するようになり、同時に入試依存による合否判断についても、変化を受け入れざるを得ない状況が生まれたのである。

■アメリカ・イギリスでの選抜方法

ここで一度整理すると、日本の大学における合格者の選抜は、これまでずっと各大学が行う学力試験にほぼ依存してきており、「点数で決まれば公平性が保たれる」というのがその最大の根拠であった。その一方で「恣意性が入りかねない」とされるそれ以外の合否決定方式はなるべく避けられてきた。

では他の先進国、特にG5と呼ばれ、それぞれに名門大学を多く抱えるアメリカ、イギリス、ドイツ、フランスなどではいったいどのような選抜方法を行っているのだろうか。以下、各国の状況を見てみよう。

まず、選抜方法を大雑把に区分すれば、「英米型」と「大陸ヨーロッパ型」に分けることができよう。そしてそれぞれの特徴を記せば、まず英米型の最大の特徴として、個別の大学が日本の大学のように学力試験を課していないことが挙げられる。

英米型の代表であるアメリカでは、受験生は全国規模でなされる高校生向けの学力試験(Scholastic Assessment Test のこと。「SAT」と称される)を受け、その成績を志望大学に送ることになる。それに加えて高校での成績表、推薦状、志望動機書などを送りつつ、時には面接を行うなどし、大学側が合否を決めることになる。

なおSATは国語、数学の試験に加えてエッセイが課され、年に何度も各地で実施されている。そして受験生側は、複数回受けた中でもっとも得点の高い成績を大学に送ることが可能とされる。

しかし大学側は多くの場合、ＳＡＴの成績より高校での成績を重視する。なぜならば、高校間に日本ほどの学力差がないため、高校での成績が「学力を知る」という意味で、とても有用性が高いからに他ならない。

そして大学側はそれぞれの個性を知るべく、志望動機のエッセイにもしっかり目を通す。志望動機もその受験生が高校でどのような活動をしていたか、どういう人物であるかという評価をするために役立つからだ。そのうえで、面接が最終的な合否を決定づける補強対策として用いられている。

大学によっては学力以外に、スポーツや文化活動での活躍度、父母がその学校の卒業生であるか、大学に寄付をどれだけできるか、といったことも考慮の対象とされる。日本からすればまさに「不公平」とも捉えられかねない判断基準だ。

ただしアメリカでは、私立大学と州立大学が併存しているという前提がまずあり、一般的に私立大の方が規模は小さく、名門校が多いが学費はかなり高い。一方で州立大は規模が大きく、学費は私立大よりおおむね安い。それに加えて州立大では、大学が設置されている州の出身者とそれ以外の州の出身者で授業料に差があったりもする。

もちろん州立大の中にも名門大があったり（たとえばカルフォルニア大のバークレー校、ミネソタ大、ミシガン大など）、小さな州立大があったりするし、州立大間でも格差がある、ということはここで付記しておくが、ともあれ、こうした環境下で「公平」の意味合いが日本とは大きく異なるのである。

なおイギリスでもアメリカと同様、全高校生が受ける試験がある。これはGCSEとかGCE Aレベル試験（Aレベル試験）と称されるが、非営利団体が実施する試験である。なお日本のセンター試験は解答が選択式であるが、イギリスのAレベル試験などでは記述式がかなり多いのがその特徴だ。

これに加えて、アメリカ同様に高校での成績表、志望動機書などが大学に送られ、個別の各大学における面接の試問もある。

アメリカはイギリスから独立した国という事情もあろうが、つまり両国は似た選抜方法を採用している、ということである。

■ドイツ・フランスでの選抜方法

続いてドイツ・フランスはどうだろうか。

ドイツでは、ギムナジウム（高校）卒業段階時に全高校生が、アビトゥーアと呼ばれる州ごとに高校が実施する試験を受けることになる。そしてフランスでは、リセ（高校）卒業時にバカロレアと称される全国規模の試験を受けている。

そして独仏そろって独特なのは、これらの高校卒業資格試験、あるいは大学入学資格試験に合格すればどこの大学へも進学できる、ということだ。

コラムなどでも詳しく記すが、独仏ともに大学間での格差があまりない。フランスでは医学部などで独自に入試を課しているものの、概ね自分で選択した大学に進学できる確率は高い。またどの大学も公立なので、学費が非常に安いのがその特徴でもある。

二国の違いとして、ドイツは連邦国家のため、各州の大学は州立大学であるのに対し、フランスは国立大学という違いがある。もっとも、ドイツも連邦国家に州が属しているので「州立大学ではなく、国立大学（あるいは公立大学）」との解釈も可能であるが、独仏ともに入試を全国統一テストとして実施し、そこでの合格者はほとんどの場合、好みの大学や学部に進学できることは同じ。これが大陸ヨーロッパ型の特徴だ。

フランスにはさらにもう一つの特色がある。それは高等教育機関として、大学とは別に、グラン・ゼコールという存在があるということだ。

グラン・ゼコールの定義ははっきりしないところもあるが、2020年現在、グラン・ゼコール会議には223校が加盟。就学年限は通常3年とされ、高度専門職業人の養成がその理念として掲げられている。つまりフランスにある一般的な大学と、グラン・ゼコールの違いについては端的に言えば、一般教養人の養成とエリート養成という目的の違いにあり、入試の方式も両者でまったく異なるということである。

グラン・ゼコールへの入学は、バカロレアをパスせねばならないのは当然とし、その後、学校別に独自の入試が課される。日本における大学独自の入試（国立大学であれば第二次試験）と似たイメージだろうか。そしてこの学校別の入試の競争が極めて激しい。多くはリセを卒業して、それから二年ほどの浪人（実際はリセの上に付設する公式な準備学校で学ぶ）生活を送って、ようやく合格する。もちろん、志望する全員が進学できるわけではない。入学が困難なだけに、名門とされるグラン・ゼコールの優秀さは際立っている。

トップ3とされるのは、ENA（高級官僚養成校）、エコール・ポリテクニーク（理工科学校）、エコール・ノルマル・シュペリエール（高等師範学校）。この3校はフランス国内で超エリートを養成するための学校とみなされ、実際、ENAの卒業生には現大統領のエマニュエル・マクロン、ポリテクニークの卒業生にはカルロス・ゴーンなど、世界でも著名な卒業生を多数輩出している。

グラン・ゼコールと日本の大学の入学試験を比較してみれば

グラン・ゼコールに入学するまでの入試のプロセスを、あらためて日本の国立大学と比較してみよう。

まず一次試験については、フランスの高校生が受験するバカロレアも、日本の国立大志望者が受験しなければならないセンター試験も、全員受験するという意味で相通じるものがある。

そもそも共通一次試験を設計した人たちは、フランスのバカロレアを参考にしたのではないかとも筆者は思っているが、試験問題の方式となると、センター試験の問題はマークシート方式であるのに対し、一方のバカロレアは記述式の問題がかなり多く、その点で両者は大きく異なると言える。

たとえば、バカロレアで必修科目とされる哲学は、3～4時間もかけて記述式の設問に答えることになる。フランスは哲学を重視するが、日本では、世界史や倫理政経の科目などで多少触れてはいるものの、数時間の試験に耐えられるようなレベルでは学んでいない。ここは日仏で大きく異なる点だと言える。

そして二次試験では、フランスのグラン・ゼコールはもちろん、日本の国立大学の二次試験でも、各大学が独自に実施するうえ、記述式の問題がより多くなる。この点でも日本の国立大とフランスのグラン・ゼコールは似ている性質を共有しているといえる。

記述式問題の是非については本書でも論じるが、ドイツで実施されている大学入学資格試験アビテゥーアも記述式の問題が多いのがその特徴だ。

■採点者と合否決定者は誰か

次に肝心の採点者と合否決定者に関してだが、この点についてはG5の各国の間でかなり異なる。

まず日本について述べていくと、先の共通一次試験、その後継のセンター試験、そして2021年1月からスタートの共通テストのいずれにおいても、その出題は主に、日本各地にある大学の教授の中で選ばれた人が何度か討議を行い、作成をしてきた。特にセンター試験は、数学、国語、英語、理科、社会の各科目ごとに詳しい専門教授が練りに練って試験問題を作成することが多く、比較的その評判は高かった。

全国的に行われる一次試験の採点はマークシート方式を通じ、機械でなされるので、誰が採点者かということに関しては問題にはならない。あくまで「大学入試センター」が採点した結果の成績が数字となり、各大学に送られる。

二次試験の出題と採点、そして合否決定は完全に各国立大学に任される。出題は大学内で試験問題の作成にあたる教授が行い、記述式の問題はかなり多い。採点も同じ大学の教授が行うが、答案には受験番号しか記載されていない。そのため、誰の答案であるかはわからず、不正採点が入り込む余地はほとんどないよう工夫されている。これも日本の入試が「公平」に行われているということの証拠の一つとなっている。

そして最終的な合否決定は、志望学部の教授会で行われる。

大学の二次試験である以上、たっぷり時間をかけて、時に紛糾しながら合格者を選出すると思われるかもしれないが、基本的に日本では学力試験の成績のみで判定され、教授会での最終決定はむしろ単純な流れで進められることが多い。

定員が決まっているので、多くの場合は何点以上の得点の人は合格、それ以下の得点の人は不合格、という非情極まりない作業が行われ、それこそ、あっという間に合否が決まる。そして情報は受験番号だけなので、たしかに不正が入り込む余地はなかった。

しかし今日では、国公立大・私立大を問わず、一般入試以外に推薦入試、ＡＯ（アドミッション・オフィス）入試などの多様な入試制度を用いる大学や学部が増えた。京都大学一つとっても、合否の決定は筆者がいた頃に比べればずっと複雑になっているはずだ。

受験生に対して、大学の数が増えすぎた今では、入学辞退者も増えていることも容易に予想できる。また、入学定員超過に対する私立大補助金交付のルールが年々厳しくなっているため、首都圏の人気私立大学では、合格者を絞り込む動きまで出ている。

そうした状況下で「どんな学生を入学させるか」ということ以上に、「歩留まり率（合格者のうち何名が入学するか、ということを示す率）」をどう推測し、補欠合格者を何名に設定するか」といったことが「入試担当者の腕の見せどころ」とされる時代になった。

なお、日本の大学では入試は大学教授らの下で出題、採点がなされ、合否判定は教授会によってなされると記したが、一部の私立大学で、理事会や事務局が発言権を有しているケースもある。なぜ私立大学でそのようなことが起きるかといえば、私立大学では教育面での質の向上はもちろんだが、経営の安定も大学運営の大きな目標として掲げられているからだ。

経営の安定を図るという意味では、多額の寄付金などを期待できる資産家の子女を優先的に合格させる、というニーズが生まれるかもしれないし、あるいは学力だけでなく、スポーツや文化活動に強い学生を入学させ、彼らに広報面での活躍を期待する、というニーズが生まれるかもしれない。

既に述べたが、アメリカでもSATのような全国共通テスト、高校からの内申書、志望動機、課外活動、面接などを総合して合否が決まるものの、基本的には、大学の事務当局であるアドミッション・オフィスが前面に出て対応を行うことになる。

一方で大学教授は、アドミッション・オフィスにアドヴァイザーなどとして参加しているケースはあっても、合否決定そのものにはあまり関与しない。日本のように「合否決定権が教授会にあり、問題の作成・採点を行うのも教授」という体制とはかなり異なるといえる。

ただしこれは学部段階での話で、アメリカでも大学院への入学選抜は教授がしっかり関与する。なぜならば、大学院レベルでは、それぞれの学問に沿った専門知識の考慮や判断が必要になるからだ。

なお入試そのものについても、アメリカでの大学院入試の場合、独自の筆記試験を課すこともほとんどなく、そういう意味では学部段階での選抜方法とよく似ている。すなわち、大学学部での成績と大学院生用の共通テストの成績、そして推薦状や研究計画などを基本に選抜しているわけだ。

一方で日本の大学院入試では、大学院独自の筆記試験が行われ、その成績をもとに合否が判定されることが多い。

■なぜ日本では面接試験が浸透しないのか

イギリスでは『イギリスの大学・ニッポンの大学——カレッジ、チュートリアル、エリート教育』（苅谷剛彦著、中公新書ラクレ）に記されているように、たとえばオックスフォード大学では、全国的なAレベル試験、高校からの内申書などで候補者を絞り込んだ上で、さらに面接を重視する。そしてその面接は教授が担当するため、教授側が合否判定に関与していることになる。

なお、面接はどうしても面接官による恣意性が避けられない。そのため、公平性を図るための工夫がいろいろとなされている。たとえば複数の面接官による面接を行う、そして複数の評価のなかで最高点と最低点ともに考慮から除外したうえで評価を確定する、また絶対的な得点による評価ではなく、数段階の相対評価にして、段階ごとの比率をあらかじめ決めておく、などが典型的だ。

しかし、あくまで筆者の意見ではあるが、完全にその工夫をこなすのは困難なので、オックスフォード大のような名門校では「教授好み、あるいはオックスフォード大にふさわしい学生が入学することを排除していない」と解釈したほうが適切と思われる。

面接といえば、入試がますます困難さを増す日本の大学の医学部でも、医師になるのにふさわしい学生を入学させるべく、面接の導入が進んだ時期があった。筆者のいた京都大学の医学部も面接試験を導入したが、一旦それをやめて、その後また復活させている。

なぜ一時期面接をやめたのか、筆者が京大在職中に医学部教授から聞いたところによると、次のような事情があったらしい。

まず、面接採用を行ったことで、むしろ高校や予備校での対策が磐石となり、ほぼ同じような応答しかなく、差別化しにくくなったというのが理由の一つ。第二の理由として、何百人もの受験生に面接を施すため、一人当たりとても短い時間しか確保できず、それでは良い面接試験を実行することが不可能と判断されたこと。第三が、日頃の研究・教育・診療に多忙な折、面接に多大な時間を奪われるのは嫌だ、との反応が一部の教授の間であったことが挙げられる。

その後面接試験を再び導入したのは、私見では「東京大学医学部が面接を導入したので、京都大学も」という意向が文部科学省あたりから働いたのでは、などと勘ぐってしまうが、その真意はわからない。いずれにせよ、ここでも大学入試に教授がコミットすることの是非が、日本の大学では存在していることが分かる。

なお医学部入試に関しては、2018年頃から、東京医科大や聖マリアンナ医大、北里大学や昭和大学などで、女子や多年にわたる浪人生を排除している可能性が報じられ、大きな社会問題となった。「私立大である以上、独自に入学生を選んでもよいのでは」という意見が見られたが、やはり男子だから、女子だからといった点で差を設けるのは「公平性」の観点から好ましくないとされ、最終的には、大学側が改革を迫られた。そういう背景を鑑みるに、この日本で面接に頼っての合否決定を行うのは未だハードルが高いようにも感じられる。

ドイツやフランスはどうかといえば、アビテゥーアもバカロレアも「高校卒業資格試験」と称されていることから分かるように、試験自体には、基本的に大学側は関与していない。ただし入学者決定に際してはそれなりの関与はあり、特にフランスのグラン・ゼコールでは学校自体が入学試験を課しているなど、教授側のコミットも大きい。

■なぜエリート校ほど面接を好むのか――オックスフォード大学の場合

先ほどオックスフォード大学について少し触れたが、イギリスの名門、いわゆる「オックスブリッジ（オックスフォードとケンブリッジの両大学の総称）」では、面接試験が導入されている。なぜエリート校において面接が重視されているのであろうか。

それにはオックスブリッジの歴史と、伝統に根ざした教育・教育方法を知っておく必要があるだろう。なお確かに両方とも「エリート大学」だとはいえ、オックスフォードは人文・社会科学系に強く、ケンブリッジは自然・理科系に強い、という特徴を持っている。

以下、特に筆者が詳しい、オックスフォード大学の事情について説明すれば、入学を希望する場合、まずカレッジに合格することが必須の要件となる。オックスフォード大には三十数校ものカレッジが存在し、その中には中世の時代からのものもある。そして「フェロー」と呼ばれる教員が各カレッジに属している。

カレッジの入学者選考は、それぞれのカレッジごとに行われる。まず自分の志望する先を決めて応募し、フェローの面接を受けて合格して、晴れてカレッジへ入学できることになる。

ここでどのカレッジがどういう特色を持っているか、といった細部までは言及しないが、オックスフォード大を出た人は「オックスフォード大学の卒業生だ」と称する一方で、「どのカレッジ出身か」ということにも大変に重きを置いている。

理由はいろいろあると思うが、その一つとして、カレッジが寮制度を保持していて、各寮で独身のフェローと学生が起居を共にする、という慣習が残っていることがあるだろう。学生同士は当然として、教員と学生の間でも一体感は高い。カレッジではたびたび晩餐会が開かれ、フェローは古式ゆかしいガウンを着て、その場に参加するそうだ。強い絆がカレッジの同窓の間で結ばれているのである。

カレッジにおける教育として「チュートリアル」という制度がある。これは一人、もしくは数人の学生が小さな教室に集い、一人のフェローに対して口頭での討論を行う授業だ。

多くの場合、あらかじめ与えられた文献を学生が読み、レポートを書き、それを基に、教員と学生が討論を行う。おそらく濃密な教育を行うことになるだろうが、こうした場を経て、学生はオックスフォード大で重視される「読む」「書く」「話す」の鍛錬に励むのである。

なお、筆者が会った何名かのオックスフォード大の先生の中には、このチュートリアル制度は自分の研究時間を犠牲にするので好みではない、という人もいた。筆者の印象としては、彼らが重きを置くのが研究か、それとも教育か、というスタンスの違いによるもので、特に研究に重きを置く先生のなかにはこうした不満を持つ人もいるということだと思う。

フェローの中では研究以上に、教育に重きを置く人がいる。そういう人は教授への昇進を望まず、一生涯をフェローに捧げることに満足している。彼らは自らの研究などより、優秀な学生たちに教育を施すこと自体に、名誉ややりがいを感じているのである。

一方で研究を重視する人からすると、チュートリアルは時間を多く費やすが、自己の研究には直結しないのでやりがいにはつながりにくい。これはエリート教育をどう考えるか、という話題につながっていくので、第四章でまた触れたい。

ただし面接は試験を課する側からすれば、手間、時間、そして費用を要するので、日本に点在するようなマンモス大学では、多数の受験者から選抜を行わなければならず、簡単に採用できる制度ではない。

その点、イギリスのオックスブリッジは「選ばれた者による少数教育」が前提で、だからこそ教員自ら「自分がぜひ教えたい」と思う学生を目の前で見定め、選抜できる面接にこだわる。少人数教育ができる理由としては、長い歴史を経たなかで優秀な卒業生を多く輩出するとともに、多くの資産を蓄積し、大学運営資金も豊富に有しているという面も否めないだろう。

一方、エリート教育の代表格でもあるフランスのグラン・ゼコールでも面接試験を行うには行うが、合否の判定は入学試験での成績が主とされる。しかも面接といっても非学問的なことを聞くのではなく、学問上の課題を読ませて、それに対するコメントを期待するといった、あくまで学力を知ることを目的としたものである。

イギリスでは「エリートは学問だけではなく、全人格的な素質を備えていなければならない」という見方があり、フランスでは「エリートはあくまでも学問の強い人がそれになる資格を持つ」という見方をしていることなのかもしれないが、面接一つとっても、両国の教育方法・文化の違いを認識できる。

そして日本はどちらかというとフランスに近く、学問の強い人をエリートとみなす傾向が強かったのは事実だろう。

■欧米で大学の先生が入試に関わらない理由

イギリスのオックスブリッジでの面接や、フランスのグラン・ゼコールでの入試などの例外はあるものの、おおむね世界の先進国、特にG5の国々では、日本をのぞいて受け入れる側の大学の先生が入試そのものに加わらないことが分かった。

ではなぜ欧米で、大学側が志望者の学力評価にあまり関与しないのだろうか。理由は主に三つ考えられる。

第一に、大学への進学の条件となる高校卒業資格の認定は高校教育の成果を調査するもので、あくまでも「高校側がすべき」と判断しているという事情があるだろう。

そういう意味では、「高校から送られてくる成績表や内申書で学力評価は十分」と認識していると思われる。一方で「一発試験依存」が顕著な日本では、学力達成度をあくまで大学自ら課す入試問題によって確認しようとする。この違いは大きい。

もちろん欧米の高校での成績評価法にもいろいろなものが存在する。ただし、一般的なのは全科目、あるいは教科別に、たとえば全体の生徒の中で上から5%、10%、25%、50%、50%以下といった感じで段階を分け、成績を評価する方法だ。つまり、他の生徒との「相対評価」の中で成績をつける、というやり方である。大学側も、それによって生徒の学力到達度を把握し、それを信じて選考の資料とするのである。

第二に、高校間の格差が少ないことも理由としてあると思われる。

先程の相対評価を聞いて、「高校間の格差が大きければ、信頼性に欠けるのでは」という疑問を覚えた読者がいるかもしれない。学業成績が優秀な生徒ばかりの高校で学んでいた場合、たとえその高校で下位成績の位置にいても、別の高校ならかなり上位にいるということはありえる。

そして実際、日本の高校では学校間で格差が存在することがよく知られているため、大学側も高校から送られてくる内申書をほとんど重視してこなかった。一方、共通一次試験やセンター試験の成績ならば、この問題を排除できる。なぜならば全員が同じ試験問題を受け、その得点も数値で表現されるからだ。

しかし、かつての日本の国立大学（特にトップ校）はこの成績をも、さほど重視しない傾向がみられた。「二次試験に進む人の選抜に用いる」という、足切りが主な役割で、最終的な合格者選抜においては考慮しないケースも多かった。あくまで、大学が出題する試験問題を通じて受験生の学力を確認しようとしたため、大学の先生が採点に加わる必要が生じたのである。

もちろん欧米の高校にも、格差はそれなりに存在する。

たとえば、アメリカではプレップ・スクールと称される一群の高校があり、全寮制などを実施し、かつ卒業生を名門大学に多く送っている。イギリスでもイートン校やラグビー校のように、パブリック・スクールと称される私立高校の一群があり、やはり全寮制に近い制度を持ち、オックスブリッジへ卒業生を多く送っている。

さらにフランスにも名門のグラン・ゼコールに多くの卒業生を送っている高校がいくつか存在している。ルイ・ル・グラン校やアンリ四世校などは特に有名だが、それぞれグラン・ゼコール準備クラスを併設しているのがその特徴だ。

しかしそれら特別な名門校をのぞけば、欧米の高校は日本ほどの高校間格差がないので、その高校における生徒の相対評価に、それ相当の信頼性が担保される。従って大学側もそれに基づく内申書を重視しているのである。

なお第三の理由は既に述べたが、アメリカのSAT、イギリスのAレベル試験、ドイツのアビテゥーア、フランスのバカロレアといった全国規模の試験は、基本的に大学外の非営利組織や高校主導で行われるもので、そもそも大学側が関与していないという事情もあるだろう。

■バカロレアにおける「哲学」の存在

入試の価値を考えるにあたり、ここでバカロレアのあり方について考えてみたい。

バカロレアについては既に触れたが、フランスの高校卒業資格試験であり、それに合格した人が大学、あるいはグラン・ゼコールへ進学する資格を得ることができる。

日本でいう高等学校に近い存在であるフランスのリセには「普通科」「技術科」「職業科」の三種類が存在する。そして、それぞれの高校ないし職業学校で学んだ生徒が、学んだ科に即し、三種のバカロレア試験のどれかを受ける。

大学やグラン・ゼコールに進学する人の多くが「普通科」のバカロレアを受験する。そのバカロレアも「文学系」、「経済・社会系」、「科学系（日本でいう理系に近い）」に区別されており、受験科目が異なる。試験は毎年6月、5日から7日間かけて実施される。その点では、2日間で終わらせる日本のセンター試験と大きな違いがあるだろう。

もっとも、5日〜7日のうち全時間を試験に費やすわけではない。選択した試験がなければ空く日時も生じる。各科目の満点は20点で、全教科の平均点が10点以上であれば合格。8点以上10点未満であれば再試験を受けることができる。

そのバカロレアにおける最大の特色は、文学系、経済・社会系、科学系を問わず、「哲学」が全高校生の必須受験科目という点にある。筆者の知る限り、哲学それだけを一つの受験科目として扱っているのは、日本はもちろん他の国々でもほとんど聞いたことがない。しかもフランスではリセの最終学年において、哲学を必修科目として学ぶなど、フランスではとても重要な学問として取り扱われている。

入試における哲学の特徴としては、試験問題が記述式という点がある。その哲学でどのような問題が出題されているかというと、たとえば2019年の問題では、次の三つのうちから一つを選んで論述せよ、というものだった。

1. 時間から逃れることは可能か
2. 芸術作品を解釈する意味とは何か?
3. ヘーゲル『法の哲学』の抜粋テキストを解説せよ

以上を高校卒業予定者が、実に4時間もかけて回答する。なお、筆者などは今すぐこれを受験したらきっと太刀打ちできない。入試に対応できるような意味で哲学を学んでいないので、知識に欠けることは当然であるし、4時間を費やして回答するような筆記術を訓練してもいない。いずれにせよ、間違いなく不合格だろう。

もともとフランスの初等・中等教育では、読む、書くという教育が重視される。フランスの知人からは「学校では、とにかく読んで書いた記憶しかない」と聞かされた。そして書いた文章は、一つ一つ先生から添削されるとも聞いた。日本の初等・中等教育を受けた身からすれば、やや驚きでもあった。

このような哲学の記述式の問題を日本の大学入試で出そうとした場合、おそらくただちに採点者を誰にするか、採点に恣意性があるのでは、といったことが問題になるだろう。それについて、フランスでは、高校で哲学を教えている先生が中心になって採点を行い、公平を期するために複数の採点者を用意するなどの工夫を設けている。

しかしそもそもだが、フランスでは恣意性を「絶対に避けるべき」という雰囲気にないことも、あくまで筆者の印象としては追記しておきたい。

数学や物理ならともかく、複数の採点者全員が「正解」と認める解答は哲学にはなかなかない。それを前提にフランス人は「採点者独自の判断を尊重してもよい」と思っている節がある。換言すれば、個性の重視という社会的な風潮もあるので、結果として記述式の解答と採点にそれほどの拒否感はないのかもしれない。

■アメリカの教育事情から見えるもの

「入試依存」について論じたこの章の最後として、アメリカの教育事情にも触れておきたい。

アメリカは連邦制を採る国である。首都ワシントンDCの連邦政府と各州が併存しており、連邦政府の役割は国防や外交、そしていくつかの課題に対しては指揮権があるが、州政府に権限を委譲している分野が多い。そういう意味で、教育は州の専権事項であった。

そこで大学に注目すれば、アメリカに国立大学はなく、私立大学と州立大学が併存していることは周知のとおりである。私立大学に伝統を誇る名門大学が多く、学費も高いため一般家庭の子弟だとなかなか進学しにくい。そこで州がイニシアティヴを取って、比較的安い学費でも進学できる州立大学が各地で設立された、という歴史が存在する。

高等学校も類似している。アメリカには私立高校と各地の公立高校が併存しているが、公立高校ではさほど学力の高くない生徒も多く在籍していた。そのため、州によっては高校生の平均学力に大きな格差が生じてしまう。さらに東部の諸州など、特に大都会に多く存在している伝統的な私立高校で学ぶ生徒の学力が比較的高いことも、平均学力の偏りを広げた一要因とされる。

そもそもアメリカでは大学別に固有の入試を実施しない学校が多く、高校からの内申書を重視する。しかし州によって教育方針が異なるし、学力差も存在するため、学力差をどう処理するのかは、長く議論の的であった。

そこで全国共通の試験問題を課すことで、その弊害を除去しようと生まれたのが、SATなどの、全国規模の一定テストである。つまり、アメリカにおける入試の「公平性」とは、地域間の教育差、学力差にどう対処するか、ということがその中心だったわけだ。

現代のアメリカの教育界に関していえば、最大の問題は大学における高い学費にあると思う。

大学による差はあるが、アメリカの私立大学では、授業料が年額で300万円から500万円の間にある。州立大学であれば、その州出身の人と他の州の出身者との間で、かなりの学費差があるものの、100万円から200万円の間にある。そして自宅以外から通学すれば、これらの学費にプラスして、200万円から300万円の生活費がかかる。

つまりアメリカでは大学に進学したいなら、とても多くの資金を準備しなければならない。

確かにアメリカの大学進学率はとても高く、大学教育の大衆化が進んでいる国であるが、この高い学費が大学のみならず、社会に大きな影響を及ぼしている。筆者のアメリカ人の友人である大学教授も、「子ども二人を私立大学に送ったら、それだけで家計が破綻する」と嘆いていた。

これに対して日本の国立大学の学費（授業料）はどれくらいかといえば、国立大学で年額約54万円とされる。

なおこの額は文部科学省により定められた標準額であり、2004年の国立大学法人化以降、各大学はこの金額に基づき、年間の授業料を設定している。また文部科学省の発表によると、国立大学の学費の標準額は増加傾向にあったものの、近年は一定に保たれているとされる。

私立大学では文系と理系、さらに学部でかなり幅があるが、文部科学省の「平成30年度私立大学入学者に係る初年度学生納付金」によれば、学費（授業料）は、文科系学部で78万5581円、理科系学部が110万5616円、医歯系学部が286万7802円となっていた。特に詳しい金額は出ていないが、医学部ともなれば、初年度の学費が500万円を超す大学も多く存在する、というのが筆者の実感ではあるが、それでも「アメリカの大学の学費は日本の大学よりかなり高い」という事実は分かる。

ではなぜ、アメリカの大学（特に私立大学）の学費は高いのか。

第一に、アメリカの大学では、日本のような大規模なマンモス授業が少ないという事実がある。なおマンモス授業は経費の少なさの裏返しということはすぐ理解できると思う。もちろんアメリカでも大規模な授業がなくはないが、それにはTA（教育補助をする大学院生）が用意されたり、週一度か二度は少人数クラスでの補講、討論時間が必須になったりしている。

第二に、研究中心の大学院が存在するという事実もある。教授陣への研究費の提供や大学院生への奨学金などが多額なため、自然に費用負担が大きくなる。さらに有能な教授や優れた研究成果を出す人にはかなり高い俸給を支払っている。

第三に、運営資金の提供の問題もある。州立大学は州政府からの資金提供があるが、私立大学の場合、州はもちろん連邦政府からのそれはほとんど存在しない。なお日本の私立大学には、国から私学助成金が支払われている。

なぜ日本で私立学校に助成金が支払われるようになったのかといえば、過去に国公立大と私立大で授業料の格差が6、7倍にまで達し、これが「不公平」との声が高くなったからである。特に私立大学卒の国会議員が文部科学省に詰め寄り、1975年の私立学校振興助成法の公布、翌年の施行に至った。

第四にNational Science Foundation、略してNSFと呼ばれる国家科学財団が存在していることも関係しているだろう。アメリカではこの団体から、州立・私立の大学を問わず各教授に研究資金の提供がなされるが、あくまで競争資金であるため、有能な教授へ優先的に支払われることになる。そしてその一部が大学に運営資金として還元されるので、NSFからの資金提供を得るべく、名門大学ほど、高い俸給を必要とする有名教授を多く抱えることになる。

このような状況にあるため、特にアメリカの私立大学には、低所得階級の子弟はそう簡単に進学できない。一方で「機会平等」を価値基準として重視するアメリカでは、大学や民間財団が奨学金制度を充実させることで、多くの学生がその恩恵を受けている。実際、奨学金制度はアメリカのほうが、日本よりもはるかに充実している。

日本における奨学金制度の貧弱さの背景として、日本では「子弟の教育の責任は、子が何歳になってもその親にある」との信念が強いことがあるだろう。しかしアメリカ、あるいは多くの先進諸国では「子どもを育てる親の責任は18歳くらいまでで、それ以降、子どもは自立するもの」という考え方や慣習がかなり浸透している。一部のヨーロッパの国では子どもは社会が育てるものという認識が強く、大学の授業料が無料となっていることがその表れかもしれない。

以上、日本の大学や入試のありようを世界と比較してみた。

こうしてあらためて並べてみると、日本で論じられる単純な「公平さ」が、高等教育や研究の精度をより高め、また世界の大学から巣立つエリートたちと伍する学生を育てる、といった意味で本当に適切なのか、疑問を覚えるのは筆者だけだろうか。

第二章では日本の入試そのものが持つ「公平さ」に目を向け、抱えている問題を浮き彫りにしていきたい。

第二章

入試罪悪論——なぜ「公平性」が求められてきたのか

■なぜ公平性が求められてきたのか

第一章でたびたび登場したが、大学改革論議のキーワードの一つが「公平さ」であった。これはつまり大学入試において、いかに受験生が公平に試験を受けられ、かつ公平に判定されるか、ということを指していた。

もちろん筆者も「入学試験が公平に実施されるべき」という点に異論はない。しかし、そもそも入試改革を巡る論点がなぜ「公平さ」に集中するようになったのか。その歴史を振り返って考えてみたい。

学校（中等教育、高等教育）において入試が導入されたのは明治時代、学校制度が整備された頃までさかのぼる。明治18（1885）年に森有礼が初代の文部大臣として就任すると高等学校令、中学校令などの学校令を公布。諸々の学校の設立・整備に着手した。その中の一つとして、帝国大学（今の東京大学）や旧制高等学校で入学者を選抜する入試が導入された。

当時の帝国大学出身者は、高等文官試験に合格すれば、基本的にはそのままエリート官僚となっていった。なお学校令交付前は、当時の雄藩（薩摩、長州、土佐など）出身の旧武士の子弟が、コネを使うことで各省に入省し官僚になることができた。さらに江戸時代にさかのぼれば、各地の藩校ではこの藩士の息子が優先的に入学できて、他の職業の子弟では多くの場合、入学できなかった。

このように江戸時代や明治時代の初期は、出世するには「家系」が大切で、かつ、どの藩の出身かという「藩閥」が幅を利かせていた時代であった。しかしこれでは雄藩以外で育った有能な人を排除することになるので、不公平であり、彼らを排除するのは国家の損失と考えられたのである。

慶應義塾の創設者・福沢諭吉が記した『学問のすゝめ』には「『天は人の上に人を造らず、人の下に人を造らず』と云へり」という一文が記されている。あまりに有名なこの言葉だが、実は社会一般の「公平さ」を論じつつ、下級藩士出身だった諭吉が「上級藩士の子弟ばかりが有利な人生を送ることができる」事実を嘆いてのものだったとされる。

たとえば同書の「中津の旧友に贈る文」（九編・十編）の中では、「わが国士族以上の人、数千百年の旧習に慣れて、衣食の何ものたるを知らず、富有のよりて来たるところを弁ぜず、傲然《ごうぜん》みずから無為に食して、これを天然の権義と思い、その状あたかも沈湎冒色、前後を忘却する者のごとし。」（『日本の名著　33　福沢諭吉』中公バックス、中央公論社）と記している。

こうした世の中の不公平を是正するためにも、政治家や教育界を中心に、旧制高校や帝国大学、各省庁に入るさいのコネによる入学、入省を排除し、公平な試験を課して有能な人を選抜する方策を導入するべし、という機運が社会全体で高まっていく。そして『近代日本の官僚――維新官僚から学歴エリートへ』（清水唯一朗著、中公新書）などによれば、その主張は「学力を問うべき」というのが中心で、つまりは試験の得点で合否を決めよ、というものであった。学力到達度は数字で表せるので、これが誰をも「不公平」に扱うことがない制度であると信じたのだろう。

なお、日本国内初の近代的大学とされる東京大学、そのホームページに掲載された『東京大学百年史』によれば、大学自体の創立は１８７７年とされるが、その前身の一つである東京開成学校でも既に入試は行われていたとされる。

つまり明治維新が始まってすぐの１８７０年代頃から試験に合格した学問的な優秀者のみが、旧制高校や帝国大学で学ぶ資格があるとされ、その後、高等文官試験に合格すれば高級官僚として働く資格がある、というふうに社会的にみなされるようになった。

明治時代初期の頃の日本はまだ旧国家であり、近代国家になるには官僚のみならず、医師、技術者、法曹人、教員といった、特殊技能や専門的知識を身につけた人々を多く必要としていた。そして、こうした職業の従事者を育てるには高い学問知識を備えることが不可欠だったのである。社会の上層部に行きたいと思う人は学校で勉強に励み、できるだけいい学校に行くことがその最短距離になっていった。

その通過点や到達点が帝国大学（現・東京大学）であり、高級官僚である。1886年の帝国大学令の施行によって帝国大学卒業生には学位が授与されることになり、帝大出身者は官僚の世界のみならず世間一般からもエリートとして遇されるようになった。そこから、「勉強の良くできる人が社会のエリートになる」という既成事実が生まれていく。

これがいわゆる「学歴社会」の萌芽である。

■揺らぐ「教育の機会平等」

こうした歴史のもとで「学力試験には公平性がある」という認識が既成事実となり、あらゆる社会の基本や前提になっていく。

すると、人々の関心は「どういう試験を行えば、受験生を公平に処遇できるか」に限定されていってしまう。そしてその先で「マークシート式と記述式、どちらが公平か」、「民間業者に試験の運用を任せることが公平か」といった議論が生じた、というのが今日の「大学入試」を取り巻く現状である。

こうして考えると、不幸なことに、技術的な「公平さ」に議論が集中しすぎて、より本質的な問題がさほど語られていない印象があるが、筆者としては「公平さ」に関してはいくつかの重要な論点があると考えている。

まず考えなければならないのは「教育の機会平等」という原則の意味である。

この原則そのものは、多くの人も容認するところと思う。これはつまり「親の出身や経済状況によって、子弟の教育に不平等、あるいは不公平があってはならない」ということ、そして「教育を受けたいと思う人に対し、社会はその達成への障害を与えてはならない」ということを指し示したものと考えられる。

ただ、前章を通じて、アメリカでは日本より奨学金制度は充実しているとはいえ、学費がべらぼうに高く、親が豊かであるなど経済的なベースがないと、そもそも大学進学を断念せねばならないケースがあると記した。これなどは、まさに日本でいう「教育の機会平等」の原則に沿わない不平等なケースだろう。

一昔前の日本であれば、学費は高くなかった。たとえば筆者が大学に入学した1967年当時、国立大学の授業料は年12000円にすぎず、学費そのものの壁はそこまで高くなかった。

そして今では授業料はもちろん、かかる生活費も高くなり、進学先が国立大学であろうと、奨学金を受けようと、極度の貧困家庭において子弟を大学進学させるのは困難となった。一方で豊かな家庭ほど、レベルの高い大学への進学を果たせるのがあたり前になりつつある。

2020年初頭からの新型コロナウイルスの広がりにより、アルバイトの口が減るなどし、「大学生活をあきらめる」という判断を下す学生が出てきていることが新聞などを通じて報道されている。文部科学省は慌てて2020年4月から奨学支援制度を拡充。授業料減免や返済不要の奨学金を拡大することを発表したが、これなども教育の機会不平等、あるいは不公平にまつわる話題だろう。

ただ大学進学に先立って、名門・有名大学への進学を目指すなら、今や高校どころか、小中学校の時から準備せねばならない。そして水準の高い学校へ進学するには、普段から塾に通ったり、家庭教師についてもらったりする必要も生じてくる。

しかし学校外教育に資金を出せるのは、当然だが、家計が豊かな家庭に限られてしまう。

たとえば、東京大学在校生の家庭環境について調べた「2018年学生生活実態調査の結果」では、その世帯年収について「950万円以上」が60・8%にまで達し、メディアを通じて話題になっていたのは記憶に新しいところだ。

ちなみに「平成30年国民生活基礎調査の概況」(厚生労働省)によれば、2017年の日本全体の平均世帯年収は551・6万円。単純に比較はできないものの、東京大学合格者を輩出した家の多くが、日本の平均世帯年収よりずっと高い所得である、ということは言えるだろう。

つまり、今の日本での「教育の機会不平等」「不公平」とは、そのまま家計の経済的豊かさに帰因していることが分かる。このような中で、もともとの「教育の機会平等」という言葉が持っていた意味は、すっかり変容したと言わざるを得ない。

■採点の「公平性」

もう一つ、入試改革論議として「記述式にすることで採点が不公平になる」という意見が多くみられた。数十万人の受験生によるさまざまな回答を、1万人にも及ぶ採点者が果たして公平な基準で評価できるのか、ぶれのない採点ができるのか、というのがその主な理由である。

確かに、かつての共通一次、またはセンター試験のように、選択式の解答を機械で採点するのであれば、この公平性の問題は話題とならない。むしろ選択式の試験問題を前提としたなら、「学力を測定するという意味で妥当な形式か」といった点に関心が寄せられてよいとされていた。また、共通一次・センター試験の問題は、長い時間をかけて大学の先生が集まって討議を重ねながら作成するので、良問が満ちているという評価が成立している。

ただし二次試験に関しては記述式の問題が多いこともあり、「採点の不公平が生じるのでは」という疑問がこれまでも呈されることはあった。しかし、これらの疑問に対して、少なくとも東京大学・京都大学での記述式の問題にはやはり良問が多く、批判は必ずしも当たらないと感じている。

その理由として、これらの大学には国語、数学、英語、理科、社会などの諸科目において、学界の練達者が多いため、「どういう問題を課せば受験生の学力が正当に評価できるか」ということを熟知しているという事情があるのではなかろうか。

ここで京都大学の平成31年度入試から、英語の問題を例として一つ挙げてみる。

◎次の文を英訳しなさい。

「マイノリティ」という言葉を聞くと、全体のなかの少数者をまず思い浮かべるかもしれない。しかし、マイノリティという概念を数だけの問題に還元するのは間違いのもとである。人種あるいは宗教のような属性によって定義づけられる集団は、歴史的、文化的な条件によって社会的弱者になっている場合、マイノリティと呼ばれる。こうした意味で、数としては少なくない集団でもマイノリティとなる。例えば、組織の管理職のほとんどが男性である社会では、女性はマイノリティと考えられる。

このように、長い和文の英訳、もしくは英文の和訳などを出題するのが同校の入試問題の伝統とされている。簡単に採点のできる英文法などの問題よりも、採点の労力はいるだろうが、総合力を測る意味で適していると感じられる。

他の科目においても、東京大学・京都大学などの問題は新聞や赤本を通じて社会に広く公開されるため、大学側も良問を出題せねばならない、というプレッシャーの中にある。さらに採点に際しても、記述式については複数の採点者を用意し、特異な採点をする人の結果を排除する手当をしている。

むしろ問題は小規模大学に見られるのではなかろうか。専門家がいない大学での試験問題では奇問・難問があったり、採点者も少なかったりする。専門外の人が出題を担当することがあるし、公平性に欠ける点もあろう。だからこそ、共通一次・センター試験制度が創設され、私大などでも採用が進んだのである。

ともあれ、日本の入学試験では、問題は公開されても、解答は得点だけ計算されて、合否の判定に用いられている。点数のみ知らされることもあるが、普段の学級での試験のように、結果について丁寧に解説された解答用紙が受験生に返却されることはない。そのため、採点での「公平性」について、どんな体制を築こうとも、受験生側からそれを確認できる手段はないのが現状である。

■ＡＯ入試や推薦入試は効率的か

やや脱線するが、もちろん入試はペーパーテストだけで行われるものではない。近年ではＡＯ入試、推薦入試、一芸入試などの新しい選抜方式が増えてきたのは、ここまでに触れてきた通りだ。

これも繰り返し述べてきたが、学力の高さだけでなく、多才な能力を持った学生がほしいという大学側の希望が生じた一方で、大学数の増加、18歳人口の減少なども同時に起こり、その先で「通常の入試を待たず、学生確保のために早めに入学者を決めてしまおう」という結論に至り、別建て入試の導入が進んだのである。

AO入試は、総合政策学部、環境情報学部などを構える慶應義塾大学が湘南藤沢キャンパスにおいて1990(平成2)年に両学部の創設と同時に始めたのが最初とされている。湘南藤沢キャンパスは、名門・慶應大が、伝統ある三田キャンパスと異なる発想の下に設立した学部だったことから、入試も従来とは異なる方式を取ったのだろう。

もともとはアメリカの大学におけるアドミッション・オフィスを真似したものと見なしてよく、受験生の内申書、志望理由書、面接、小論文などを資料として、それらを総合して合否を決めるのがその導入の目的とされた。

まだ旧来の学力試験を通じて入学する学生の数が圧倒的だった中、斬新な新学部や入試、そしてその先に用意された、最先端のITやインターネットを駆使した授業や英語を重用する教育方針が時代のニーズにマッチし、さっそく人気学部となった。

慶應義塾大学が発表している資料によれば、両学部で900人ほどの定員に、一般入試枠だけで17000人近い入学志願者があったとされる。また企業からの求人も、就職戦線でも一躍トップに躍り出たとされる。

そして慶應義塾大学の取り組みから30年を経て、18歳人口が減る局面を迎えるなかで、ようやくAO入試や推薦入試も「公平」だと見なされ、一般的な入試方法として市民権を得つつある、というのが昨今の実状だろう。

■民間業者が介在することでの「公平性」

2020年までの大学入試改革論議に戻れば、「公平性」の観点から、民間業者の介在がたびたび論点として挙げられてきた。民間試験の採用ということでは英語認定試験の話題もあると思う。

これも文部科学省主導によるものだが、大学入学共通テストとして「英検（S-CBT）」や「ケンブリッジ英語検定」「GTEC」などの民間試験を認定することで、英語に必要な「聞く」「読む」「話す」「書く」という4技能を測る、という取り組みだった。

目的はごもっとも、と感じる一方で十分な議論がなされなかったために、制度を固める間でも受験生や高校、さらには大学側から「性急の感がある」といった意見が揃って噴出することになった。「TOEIC」については2019年7月、業者側自ら、大学入学共通テストへの参加を取り下げてしまったほどである。

のちほどこの話題については詳しく検討するが、受験するという意味では大都市のほうが有利だろうし、費用が掛かるという意味では豊かな家庭のほうが有利なのは明らかだ。そういう点では「不公平」の象徴と言えそうな取り組みであった。

一方で、入試そのものを論じる上で避けられないのが、「記述式の問題に対して民間業者が採点にあたる」というやり方だろう。

仕組みとしては塾の講師から学生まで、延べ1万人規模の人が民間企業にアルバイトとして採用されて採点にあたるというもので、「採点に不公平が生じる可能性がある」と多くの批判がなされた。

ここでまたフランスのバカロレアを例に考えてみたい。バカロレアは70万人超が毎年受験する試験だが、既に紹介したように、哲学の問題は完全に記述式で、3〜4時間もかけて解答を行うことになる。そして採点には、主として高校の先生があたっている。バカロレアそのものは「高校卒業資格試験」なので、哲学を高校で教えた先生が採点にあたるということには非常に合理性が感じられる。

ここからは筆者の想像の域を出ないが、哲学の問題への解答には、それこそ解答者の個性が出ることが前提であって、数学のように万人が正答を認める解答は期待されていない。従って、採点者は解答が「哲学の本道を離れていないか」にまず注意を払い、そのうえで「論理的に解答されているか」を確認し、採点しているものと思われる。そして採点者が高校で哲学を教える教師である以上、決して特異な採点をしない、との信頼が社会で共有されていて、それで「記述式の採点に不公平は生じない」と認識されているのではなかろうか。

つまり今回の記述式問題をめぐる議論について、「民間業者」でなく「高校の先生」に採点をお願いするというバカロレア式の仕組みを採用していれば、そもそも「公平性」への異論はそれほど出なかったのでは、とも考えられる。

もちろん今の高校の授業の枠組を維持したうえに、大学入試の採点という新たな仕事が付加されるならば、過重労働になるとの反対があったかもしれない。しかし、それについてはまさに改革をするべきところだし、必要なら、相応の報酬を準備することで解決の糸口を探ることもできたのではなかろうか。

たとえば司法試験においては、大学の法学部や法科大学院の教授が出題や記述式の問題の採点にあたるとされる。大学入学共通テストにおいても、あくまで「大学入試だから」といって距離を取るのでなく、高校の先生が主体的にそれぞれの専門科目の採点にあたってくれれば、ここでの「不公平」はかなり払しょくされるはずだ。

■そもそも「公平性」とは

ここで「公平性」という言葉の意味を再確認してみたい。一般的な「公平性」には二つの定義が考えられるだろう。

第一の定義は、人がある地位（教育、職業、昇進、議員など）を目指す場合、あるいは空席がある場合、「すべての潜在的な希望者に参入の機会が与えられるべき」とする考え方である。これは「機会公平性・平等」と言い換えてもよい。

第二の定義は、同様に、誰かがある地位や空席を目指す場合、その選抜過程は「その地位の仕事をうまくこなす能力や努力する意志を持っているかどうかだけで決定されるべきで、それ以外の情報や資質（たとえば、性、年齢、人種、家庭環境、コネなど）は考慮されるべきではない」というものである。

以下、「機会の公平性・平等」を筆者なりに、より詳しく、かつ厳格に定義・検討していきたい。

人がさまざまな状況下で、社会行動ないし経済行動をするとき、自己で制御可能な状況に関しては特に問題とする必要はない。しかし、自己で制御不可能な状況に関して不平等があれば、社会はそれを認めてはならない。そして必要であれば、なんらかの補償をも考慮せねばならないのである。

ここでいう「自己で制御可能な状況」とは、たとえば努力によって、なんらかの不利を除去できる可能性が開かれていることを意味する。一方で「自己で制御不可能な状況」とは、いかに努力しても不利を除去できないことを指す。典型例として、性、年齢、人種、家庭環境、天性の能力（IQや身体能力）などが挙げられるだろう。

制御不可能なもののなかで、特に性と人種、ときに年齢は、よく差別の問題として議論され、「クオータ（割り当て制）」が設定されることがある。これはこれらの要素を有する人々のために入学者数や議員数などの「割り当て」をあらかじめ用意することで、同時に不当な差別を排除することを意味しており「非差別の原則」と言ってよい。

そして、今挙げた種々の「自己で制御不可能な不利な性質」を、どれだけ社会が補償すべきか、ということこそ、「機会の公平性・平等」を論じる際にもっとも大事な論点となる。

■「制御不可能な不利」と「ハンディ」

たとえばアメリカの経済学者で政治哲学学者でもあるジョン・ローマーは、人の努力によって到達できない、あるいは制御不可能な不利については社会が補償する義務がある、と主張している。これは、「すべての弱い立場にいる人にハンディを与えることで、ほぼ同時にゴールラインに到達させる考え方」と言えばわかりやすいかもしれない。

ゴルフ競技におけるハンディキャップ制などはこの典型だ。これは、アマチュアのゴルファーが競技に挑むときなどに、実力の劣るゴルファーにあらかじめ「ハンディ」を与えることで、ラウンド終了後のスコアがほぼ同等になるような競争方式を指す。または将棋や囲碁において、「飛車落ち」や「置き碁」で代表されるように、片方にあらかじめ優位性を与えることで、勝敗を両者にほぼ同等の確率で与えるのも同じ考え方だ。

ただし、これらは「機会の公平性・平等を達成したい」との参加者によるあらかじめの合意があって初めて成立する。

もとより、これらの例はアマチュアや素人の間でのものであり、生計を賭けて戦っているプロ同士の競争にこのような配慮は存在しない。つまり、ハンディというものはすべてに無条件に用意されるものではなく、それを与えるかどうかは行為や状況によって大いに変わってくるということである。

もちろん、本人にその責任がないのにもかかわらず発生したハンディならば、可能な限り補償する手段は講じられるべき、という原則はある。しかし、人が生きる現実の社会においては、厳しい競争があるのが当然で、すべてにおいてハンディを与えることは不可能といったほうが正しい。

■受験システムにおける「公平性」

ではその「機会の公平性・平等」の考え方に基づいて、大学入試における「公平性」を考えてみる。繰り返しになるが、公平性の定義を簡単に記せば、第一は「すべての潜在的な希望者に参入の機会が与えられるべき」とするもの、第二が「能力や意志以外の情報や資質は考慮されるべきではない」というものだった。

第一の定義に関しては、確かに制度上では、どの受験生にも大学志願の道が開かれており、問題がないように思える。しかし、ここまで繰り返し強調したように、親の経済力の多寡によって大学進学への道が閉ざされているのが現実であり、そこへのケアが手薄いままで放置されているのは大きな問題だ。むしろ、急ぎ解決すべき喫緊の課題と思われる。

先述したが、今回の大学入試改革論議において、「共通テスト」に民間業者の運営する検定試験を用いることが問題になった。

民間業者であれば、少なくとも数千円の検定料が課されるため、生活に困窮するような家庭の受験生にとっては受験機会に影響することが考えられる。しかも高いのは2万5000円、安いのは6000円とバラバラで、どれを採用するかという問題があった。また、そもそもだが、民間業者による試験の会場はそれなりの都市に限定される。地方の、さらに田舎に住む受験生にとっては、そこまで行くための交通費や時間という負担が必要となり、経済的格差に加え、地域間格差までのしかかるのである。

なお地域の問題については、あまり目立たないが、より大きな問題も隠れている。それは資金の豊富な高校と、資金の乏しい高校の間での格差だ。

たとえば、たくさんの生徒を抱える人都市圏の私立高校は、それなりの資金を持っている。それにより、たとえば英語教育においても英語を母国語とする外国人教師らを雇用して、学生の「読む」・「書く」・「聞く」・「話す」の4技能を向上させることも可能だろう。あるいは、ランゲージラボなどの設備を有していて、学生の修学機会が恵まれているかもしれない。

こうしたことから4技能を求める「共通テスト」の問題に対し、大都市の高校生のほうが自然と有利となる。一方、地方で資金力の弱い高校に通う学生はこのような教育機会を得られる可能性はずっと減るはずで、それだけでも不利となる。

また大都市圏には民間の英会話学校も多く、家計の豊かな子弟ならそうした学校に通い、4技能を高めることができるかもしれない。もちろんインターネット環境の普及やYouTubeなどの登場で、教育機会が向上する可能性もあるだろうが、それは大都会でも同時に進むわけで、やはり地方の高校生は不利なままである。

民間業者に頼る以上、複数の業者からどの業者を選別するかが恣意的になるかもしれないし、政治との癒着の懸念なども残る。もし、複数の業者による試験が実施されることになれば、複数の業者間で示される成績評価の調整もなされる必要があるかもしれない。しかし筆者としては、それでもこれらの問題は枝葉末節の論議である部分は否めず、解決策はあると認識している。

いずれにせよ、効率よく学生の選別を行うことが目的である受験システムで、「公平さ」はそう簡単に解決される課題ではなく、問題山積といえる。

一方で、そうした問題を放置している間に、社会の側が変化をしていく。特に、かつて大学が養成し、輩出するべきエリート像が少子化や大学の大衆化の元でまったく変わったという事実が、ますます大学や入試のあり方を歪にしてしまった印象がある。

それでも大学や入試は、単純な「公平さ」を金科玉条とした方針を貫いていくべきなのだろうか。この話題について次章で論じたいと思う。

第三章 変わるエリートと大学の姿——教育はどう変わったのか

■日本におけるエリートと大卒者の関係

ここまで主に、日本における大学入試のあり方を見てきた。

その歩みをたどったことで分かるのは、「いかにして公平さを担保するか」という試行錯誤が常に繰り返されてきたという、その歴史だ。

しかし、このあと詳しく見ていくが、大学とはそもそも一握りの〝エリート〟を輩出するための機関として創設されたことも事実で、むしろ格差をある意味で含有する構造を持っている。その視点では公平さと両立するのに、いささかの矛盾があるようにも感じられる。

そこで以下にエリート輩出機関としての大学がどう生まれ、またその変化とともに教育や学生の在り方がどう変わらざるを得ないのか見ていきたい。

第二章でも記したが、そもそも日本の高等教育は、1877(明治10)年、江戸幕府の教育機関であった昌平学校の流れをくむ蕃所調所《ばんしょしらべしょ》、東京開成学校や東京医学校を合併して「東京大学」が創設されたことに始まっている。

東京大学は1886(明治19)年の帝国大学令により「帝国大学」となった。近代国家形成のためには新しい時代に適応した有能なリーダーを育成することが急務であり、明治政府は帝国大学に対して重点的に投資を行い、その任を担わせた。そう考えればやはり、大学はすなわちエリート（特に指導者層）育成装置としてスタートしたのである。

日本のエリートについて、歴史的に簡単に振り返ってみれば、江戸時代においては、幕府を治めていた将軍、および各藩を治めていた大名、そして部下の武士（藩士）もまさにそういった存在であった。そして明治維新後では、初期は天皇と皇族、そして雄藩（薩摩、長州、土佐、肥前など）出身の旧藩士たちがエリート層を占めていく。このように明治時代初期においては、特別な身分が世襲される一族や、特殊なコネにより選ばれた人たちだけがエリートになるという前近代的な社会構造であり、汚職の源泉などにもなりかねない状況であった。

そこで、近代国家を目指した明治政府は、１８８０年代以降（１８８５年内閣制度制定）、帝国大学など官吏養成の教育機関を整備するとともに、それらの大学出身者を中心にした公平な試験を採用することで、高級官僚を登用する官僚制度へとエリート選抜の方法を変更していった。

具体的には、文官任用令、文官懲戒令、文官分限令などの諸法令を設けることで、官僚制の整備を進め、採用においては文官高等試験による選抜を行うこととした。つまり、こうした選抜試験に合格さえすれば、官僚としての行政上の専門知識・能力をもつ者と認められて、身分や出身地等に関係なく、官僚に採用されるという道が開かれたのである。

ただし、その選抜試験はかなりの難関だったため、合格者の多くは帝国大学卒業生で占められた。その結果として、高級官僚＝帝国大学卒業生という構図が生まれることになる。そもそも帝国大学が官僚養成のために創設されているのであるから、当然といえば当然のことかもしれない。そしてこのことが、それまでの藩閥に代わって、学閥による官僚を登場させることとなり、学歴社会の端緒になったとも言える。

時代によって細かい官僚制の在り方は変わっているが、こうした制度そのものは明治時代の後期から第二次世界大戦まで、さらに戦後の40年間ほど続くことになる。つまり、およそ100年の長い間、日本のエリートとはつまり帝国大学卒業生、特に東京大学出身の高級官僚、という時代が続いたのである。

■高級官僚と軍人という二大エリート

実際、明治・大正時代の高級官僚の待遇は、賃金や昇進において他の職業とは比較になら

図表1　官吏俸給水準の推移（明治後期〜大正期）

年	勅任官（a）	奏任官（b）	判任官（c）	a/c	b/c
	円	円	円	倍	倍
1887	337.9（100）	73.8（100）	17.1（100）	19.8	4.3
1910	373.8（111）	118.9（161）	35.5（208）	10.5	3.3
1916	335.2（99）	126.3（171）	34.5（202）	9.7	3.7
1919	347.1（103）	132.9（180）	37.2（218）	9.3	3.6
1921	488.5（145）	214.6（291）	68.8（402）	7.1	3.1
1925	493.3（146）	226.9（307）	72.1（422）	6.8	3.1

出典：『公務員給与序説——給与体系の歴史的変遷』（稲継裕昭著、有斐閣）

ないほどの厚遇であった。

図表1と図表2を見てほしい。図表1からは、勅任官、奏任官、判任官（ちなみにこの順は高級官吏としての地位の高い順で書かれている）の俸給は、地位が高くなるほど、極めて高い額になることが分かる。図表2からは、官吏が民間労働者の俸給よりもはるかに高い額を受けていることが明らかである。

官僚の任期を終えた後などに政治家に転身する者も多かった。第二四代内閣総理大臣を務めた加藤高明をはじめ、東京大学を出て官僚となり、その後首相にまでなった人物も多数存在する。近代国家形成のために新しい法律をつくり、経済政策を立案して実行し、諸外国との競争や対立に立ち向かうことにおいて、高級官僚の役割はたいへん重要だったのであろう。この伝統は、戦後三、四十年は続いた。

もう一つ、重要なエリート層として軍人の存在もある。明治時代の「富国強兵、殖産興業」の二大目標を見れば明らかなように、その時代は軍人もまた国家の重要な役割を担っていた。

実際、日本では明治維新以降、アジアの近隣諸国のように欧米列強の植民地になるのを避けるべく、列強に負けない強い軍事力と強い経済を持つことを長く目標として掲げてきた。果たして客観的には勝利すると思われなかった日露戦争（１９０４～05年）で日本は勝利して欧米列強を驚かせ、日本海戦でバルチック艦隊を破った立役者の東郷平八郎は、軍神にまで祭り上げられた。戦前には第一八代内閣総理大臣を務めた寺内正毅など、軍人上がりの首相の姿もやはり多くいたのである。

この時代、軍人は人々の尊敬を集めていたので、愛国心に目覚めた若者が軍人を目指すのは自然であった。旧制中学校で優秀な若い男性は、東京大学進学への道が開けた旧制高校に進むか、陸軍士官学校あるいは海軍士官学校に進むか、で悩んだのである。

なお当時、旧制高校や士官学校への進学は、学力試験の成績が重要だったので、公平な選

図表2　官吏・雇傭人の平均給与月額の推移（昭和戦前期）

年	公務（官吏）			民間			消費者物価指数(g)
	勅任官(a)	奏任官(b)	判任官(c)	非官吏雇傭人(d)	日雇い男子(e)	製造業男子(f)	
	円	円	円	円	円	円	円
1882	461.3	113.1	15.7	7.1	5.9	7.3	38.9
1887	337.9	73.8	17.1	9.4	4.3	5.7	30.3
1892	320.9	76.3	17.6	9.5	4.9	6.5	30.1
1897	352.1	83.4	18.4	12.5	7.8	8.9	42.2
1902	334.8	91.0	24.7	13.6	10.5	11.9	49.3
1907	342.0	98.9	27.8	15.9	13.2	15.1	61.9
1912	363.9	122.8	36.1	17.1	15.7	17.0	65.3
1917	337.0	123.7	34.5	17.8	18.9	20.8	76.9
1922	506.2	206.9	70.8	41.9	58.9	54.8	130.0
1926	498.4	231.0	73.7	41.7	55.4	55.9	125.6
1927	503.4	236.3	77.7	44.5	53.5	55.6	123.7
1928	500.4	235.7	80.8	44.4	53.5	55.6	119.0
1929	495.8	237.9	80.5	45.4	52.1	55.4	116.2
1930	498.6	240.1	83.4	45.6	44.0	52.4	104.4
1931	470.3	224.9	80.2	46.1	37.8	49.7	92.4
1932	442.2	216.9	81.5	45.3	35.1	48.9	93.4
1933	428.0	216.8	81.3	45.0	34.6	50.5	96.3
1934	436.4	219.8	81.9	44.7	35.4	51.3	97.6
1935	435.4	218.6	81.6	44.2	35.9	51.3	100.0
1936	418.0	216.7	81.3	44.2	35.9	51.0	102.4
1937	424.1	216.4	82.1	45.5	38.6	55.4	110.4
1938	429.2	212.4	81.1	45.4	42.7	58.1	120.9

注：(a)～(d)は帝国統計年鑑第３回～第45回の各年の人員・給与総額により算出。但し、1886－90年は第11回統計の累計表を用いた。また、1885年以前は宮内省が含まれている。(e)は帝国統計年鑑および労働運動史料委員会編『日本労働運動史料・第10巻 統計編』（1959年）、270－273頁による。(f)は大川一司他『長期経済統計 — 推計と分析／８物価』（東洋経済新報社、1967年）、第25表、職種別賃金(A系列)の製造業統合・男子。(g)(f)は原資料は日給で掲載されているが、官吏給与との比較の便宜上、27倍として月額換算した。(g)は大川他前掲書第１表の消費者物価指数(家賃を含む総合)。1934－1936＝100。
出典：『公務員給与序説 —— 給与体系の歴史的変遷』（稲継裕昭著、有斐閣）

抜がなされたと評してよいだろう。東京大学進学や官吏登用も試験による選抜だったことを考えると、日本のエリート選抜法は試験制度の広がりによって、長く公平性が保たれてきたと言える。

このように戦前の日本におけるエリートとはつまり、高級官僚と軍人であった。政治家もエリートだろうが、その多くもこれら官僚と軍人から輩出されていたのである。

ここで留意すべきことは、財界人、あるいは経営者というのは、戦前では高級官僚や軍人ほどのエリートとみなされていなかった、という事実だろう。どういうことかと言えば、戦前の日本人の意識には、商売人あるいは経済人に対して「お金儲けに力を注いでいる人」というイメージがあって、彼らは世間からそれほど尊敬される存在ではなかったということである。たとえば明治時代を代表する文豪、夏目漱石の小説の中では、「お金持ちは守銭奴だ」といった文章がよく出てくる。

現実として、国を強くするために経済人の役割は重要だ。戦前でも500以上の企業の創設に携わった渋沢栄一のような人物もいるし、筆者はエリートに入れてもよいと思うが、実際は必ずしもそうではなかった。あくまで高級官僚、政治家、軍人（特に幹部）のように、お国のために働く職業が尊敬を集め、「エリート」とみなされていたのである。

■官僚がエリートとされた時代の終焉

日本では第二次世界大戦が終結したことで自衛隊の創設がなされ、かつての軍人という存在そのものがなくなったが、高級官僚やそれに関係する制度については残存した。たとえば戦後の高度成長時代や安定成長時代では、産業政策、貿易政策、低金利政策などにおいて、官僚が民間経済部門をうまく先導し、重要な役割を果たしていった。

しかし徐々に、政治の世界の側で変化があり、官僚任せではダメ、政治家主導の政治をやらねばならないといった雰囲気が強くなっていく。特に80年代にアメリカの大統領を務めたロナルド・レーガンやイギリスのマーガレット・サッチャー首相の登場により、政治家主導論、規制緩和論、そして新自由主義思想が強まり、日本も小泉純一郎首相で代表されるようにその流れに押された感がある。

そして、その流れのなかで、当然のことながらエリート層にも変化が起こった。端的に言えば、長年日本のエリートの代表とされてきた官僚の地位低下だ。

政治主導となると、官僚の仕事は、政治家の指示通りの政策なり予算措置の作成に終始するようになる。今までは官僚が政策を立案して政治家にそれを追認してもらう方式であったが、それが変化したのである。

官僚の給与も、公僕意識が強調されてかなり低くなった。今や高級官僚の給料は、大手民間企業の社員の給料などよりかなり低くなっている。官僚の長時間労働も有名となった。加えて2017年には天下りが禁止され、現役時代の低報酬を民間への天下りによって補償する道が断たれた。

結果として官僚への人気は下降。最近も、省庁のなかで特にエリート視される「天下の財務省」にキャリア入省する東京大学法学部出身者が減り続けている、という状況がメディアを通じて報道されていた。薄給、激務を理由に優秀な学生が官僚という仕事をそもそも選ばなくなったのであろう。

政治の世界もまた変わりつつある。かつて国会議員になるには高級官僚育ちか労働組合幹部育ちというのが二大ソースであったが、今や国会議員になるのは政治家の二世、三世ばかりの時代となっている。

たとえば読売新聞の記事によれば、1990年の衆院選では当選者の30%が世襲議員であった。その後、小選挙区制の導入によって候補者選びが政党中心となっても、世襲議員の割合が減ることはなく、2017年衆院選でも小選挙区当選者の28％を世襲議員が占めているとされる（『平成時代　政治回顧』、2019年3月14日）。特に自民党の議員には世襲議員が多い。選挙には「三バン」、すなわちジバン（地盤）、カンバン（看板）、カバン（鞄＝資金）が必要とされるが、ジバンは親代々の家業としての政治家が圧倒的有利で、それが二世、三世議員の多さにつながっている。

戦後、官僚から首相になった最後の人物は大蔵省出身で第78代内閣総理大臣に就任した宮澤喜一（1991～93年在任）である。そして驚くことに、1993年以降、ほぼ30年間にわたって官僚出身の首相は一人もいない。一方で、首相の大半が2020年9月に辞任した安倍晋三を含め、小泉純一郎や麻生太郎など、世襲議員ばかりなのも周知のことである。また蛇足だが、東京大学出身の首相も、2010年まで首相を務めた鳩山由紀夫以降、しばらく出ていない。

■経済人、学者、医師という新エリートの登場

以上をまとめれば、軍人という立場が消え、地盤沈下した官僚、そして政治の世界におけ

る世襲議員の増加により、熾烈な試験を勝ち抜けば、それだけでエリートになれる時代は終わりを迎える。一方、新しいエリート層として、たとえば次の三つの職業などが社会の中で重要視されていく。

一つ目は経済人、経営者。二つ目は優秀な学者。そして三つ目が医師だ。

まず経済人に関して。

戦後の復興、そして高度経済成長期を牽引したのは、間違いなく大企業の経営者たちであった。戦後、日本の企業経営者は、それほど高い報酬も得られない時代から企業経営に励み、企業の生産力を増強させた。戦後の貧困に苦しんでいた労働者側の「より豊かになりたい」という勤労意欲も手伝い、たとえば本田宗一郎が創業したホンダ自動車、松下幸之助が創業した松下電器（パナソニック）、井深大と盛田昭夫が創業したソニーなど、素晴らしい成長を遂げた企業も多く登場した。

世界からもそうした日本の成功と成長は認められ、1975年にはG5（先進5か国蔵相・中央銀行総裁会議：米英独仏日）という主要先進国への仲間入りを果たしたのである。

なお2020年7月に発表された帝国データバンクの「全国社長出身大学分析（2020年）」によれば、社長の出身大学としては「日本大学」が2万2331人で最多。次いで「慶應義塾大学」（1万4420人）、「早稲田大学」（9865人）、「明治大学」（8460人）、「中央大学」（7298人）となっている。いずれにしても大卒者が経済人の中核を担い、いまの日本を牽引していることは間違いない。

前述のように戦後、日本の復興を支えた経営者の多くは企業経営と日本経済の発展のために努力を惜しまなかった。彼らは自らの報酬を高くすることよりも、内部留保を多くして将来への設備投資の財源とすること、またできるだけ労働者への賃金支払いを多くして人々の勤労意欲を高めることに腐心した。それに応えて労働者も一所懸命に働いたのであるし、国力や社員を豊かにするべく尽力する経営者を「エリート」とみなし、リスペクトする空気も自然と醸成されていった。

続いて学者について。

2020年現在まで、日本は30名近くのノーベル賞受賞者を出している。

図表3にまとめたが、1945年以降に限定すれば、日本人のノーベル賞（自然科学部門）の受賞者は、学問に強いとされるフランスより多く、世界第四位である。その意味で、学問上における日本の業績は非常に立派であったと判断してよいだろう。

最近ではあまり聞かなくなったが、将来を期待できそうな子どもを前に、「末は博士か大

図表3　ノーベル賞（自然科学分野）の国別受賞者数

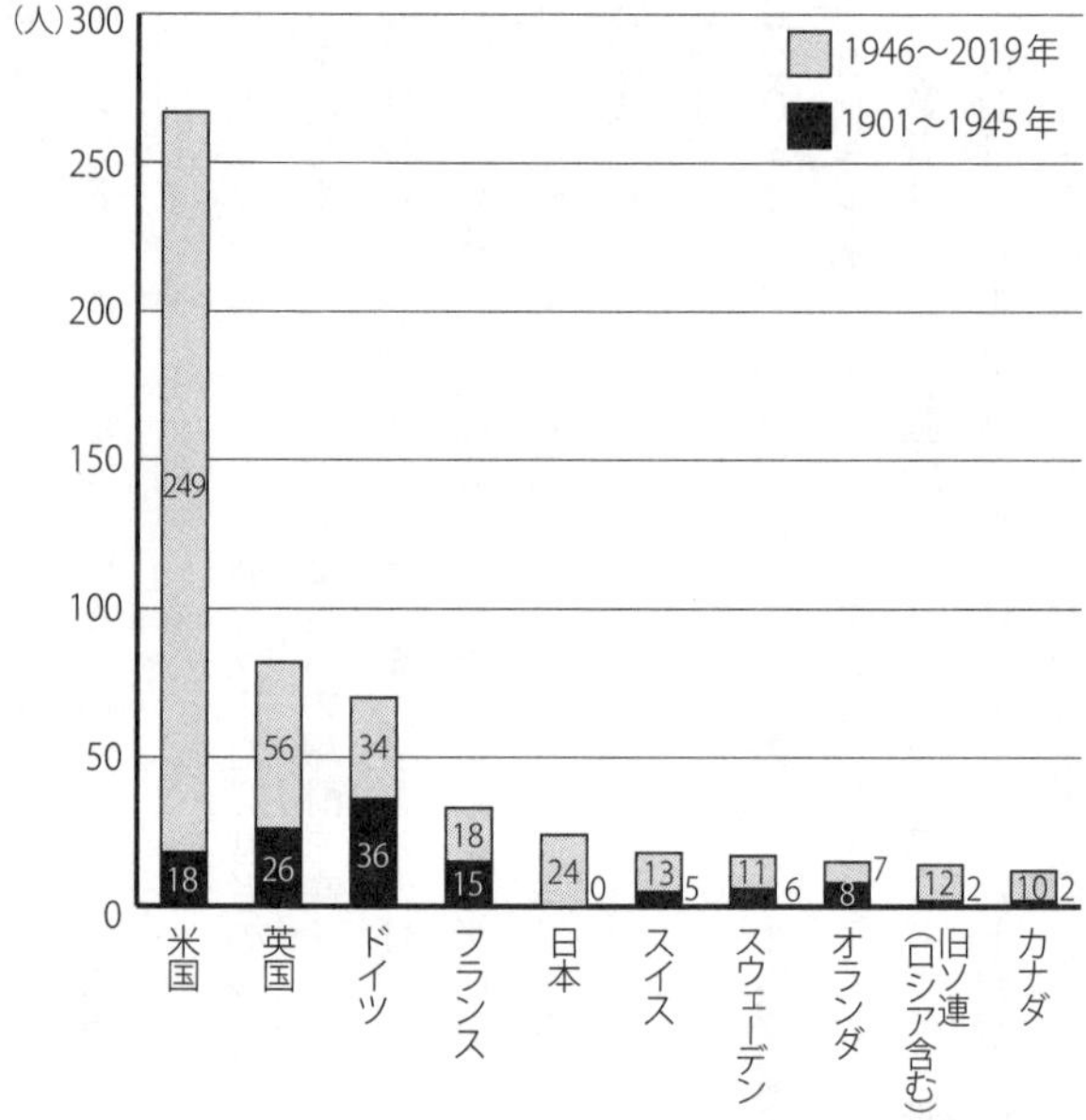

注
(1) ノーベル賞は、自然科学分野の物理学、化学、生理学・医学の各賞について、ノーベル財団の発表等に基づき、文部科学省において、試行的に取りまとめたもの。
(2) 日本人受賞者のうち、2008年物理学賞受賞の南部陽一郎博士、2014年物理学賞受賞の中村修二博士は、米国籍で受賞している。
(3) 日本人以外はノーベル財団が発表している受賞時の国籍（二重国籍者は出生国）でカウントし、それらが不明な場合等は、受賞時の主な活動拠点国でカウントしている。
出典：文部科学省「科学技術要覧　令和元年版」

臣か」と褒めたたえるような言葉があった。現実として、学者が国家の指導者層という意味でのエリートかどうか、政治・経済を動かさないだけに、やや疑問視するところもあるが、日本の学問の力が世界で評価されるようになるとともに、優れた学者はエリートとみなされるようになった。

最後が医師だ。

医師になる人には学識が必要であることは当然である。人の生命を預かるというきわめて重要で崇高な仕事であるため、しっかりとした教育（２０２０年現在では大学6年間）を受け、さらにその先で国家試験に合格することが医師になるための前提条件となっている。

頭脳と技能、さらに診療科や医局によっては体力を必要とするその尊い仕事に報いるため、高い報酬を医師に社会は与えていると言えよう。またコロナ禍ではエッセンシャルワーカーの代表格として挙げられ、長寿国家日本の根幹を支える上でも、その重要性はさらに増しており、社会からエリートと認知されている。

そして高い収入、失業のない職業、人々からの尊敬の念、尊い仕事をしていることの満足感などにより、多くの優秀な高校生が医師を目指し、医学部に進学するのもあたり前のことだ。しかし筆者の考えとしては、それが過剰になりすぎている印象も否めず、人材の偏在という問題が生じていることも危惧している。たとえば、ある国立大学では医学部の合格最低点が、他の学部の最高点よりも高い、といった話も聞こえてくるなど、優秀な学力を持つ生徒があまりにも医学部へと集中している。現代では医師がエリートにみなされていることの証左であり、また問題点の一つとも言えるだろう。

■新エリートを育てるための英語教育

ここで教育の話題に戻れば、こうした新たなエリート層の出現とともに、近年では教育機関にグローバル人材の育成が強く期待されるようになっている。それは、かつてエリートとされた職業に比べても、今を生きる経済人や学者、医者は世界の動向や情報に、より敏感でいなければならない状況である以上、不可避な流れともいえる。

そしてグローバル化の進行とはすなわち英語教育の充実であり、アメリカ化の流れとほぼ軌を一にしていると考えられる。グローバル化に対応するため、日本人はより英語に親しみ、英語を駆使できるよう、その力を高めなければ、大学もそうした人材の育成を強化しなければ、という要請のもと、実際さまざまな施策が行われている。政治、外交、経済、学問、芸術・文化、スポーツなどあらゆる分野において、英語は世界の共通語になっているので、英語教育をもっと充実させることには筆者も同意である。

明治時代に初代文部大臣になった森有礼は、「日本が経済と文化で発展するには英語を国語にせよ」と主張したとされる。もちろん国語英語化論だけが理由ではないが、国民の間で反感を招いた結果、不幸にして森有礼は暗殺されてしまった。今の時代においても「英語を国語にせよ」と主張する人はいる。ただし21世紀の今、そう訴えるその人を暗殺してまで、主張を封じ込めようとするほど極端な反対論者はいない。インターネットが広まった先で、かつてよりも世界がつながった今、さらに英語が大切になりつつあることはむしろ多くの人が認める事実だろう。

１９４７年の学校教育法制定以降、日本では中学校から英語を習うことになったが、その重要性から徐々に小学校でも教えるべきという主張が強くなり、２０２０年からは、小学３年生から英語学習が必修化し、５年生からは教科として必修になった。

■英語教育に偏ることのリスク

小学3年生から英語を学ぶことが、年齢的に早すぎるのか、そうでないのか、さまざまな意見はあろうが、低年齢から学ぶことによって習熟の可能性が広がる一方で、多少のリスクが伴うことも理解しておいたほうがいいのは確かだろう。

リスクとして筆者が感じているのは、英語に注力した結果、母国語である日本語教育を疎かにするかもしれず危うい、ということである。

物事を頭で考える際、多くの場合母国語が使われる。しかし、その母国語があやふやであれば思考力の発達の妨げになりかねない。また1800年以上の歴史を有しているとされる日本語の場合、文学、歴史、あらゆる分野の文献がある。それを読む妙技と楽しさを学ぶには、古文を含めた国語のしっかりとした知識が必要であるし、やはり母国語を基礎に置く知識なしでは根なし草になってしまう可能性も生じてくる。国語と英語の適当なバランスを取る方策は今後より重要になってこよう。

小学校での英語教育の問題点は、教える側にあるともよく聞く。中高年齢の小学校の先生の場合、大学時代に初等教育における英語教育法は学んでいないだろうし、慣れない科目の教育に困難があることは当たり前だ。

笑い話では済まされないが、帰国子女の小学生が先生の英語の発音や英文の読み方を聞いて「先生、その発音はおかしいです」と先生に意見した、といった話もあちこちから聞こえている。英語の授業だけは、英語教育法を専門的に学んだ人か、母国語で英語を使う外国人の先生による授業が、一部の時間だけでも必要かもしれない。

中学・高校で英語を教える先生なら、大学時代に英語教育法を学んでいるので問題はない。ただし発音や英会話については、外国人教師による教育が生徒の英語力向上の手助けになると思われる。

高校の英語教育に関して付言しておくと、大学受験において英語は重要科目ということもあり、日本全国、どの高校でも熱心に教えている印象がある。特に英文法を重視する授業が多いようだ。

大学側の立場に立てば、長文の英文和訳や和文英訳の問題よりも採点が容易であるため、英文法の問題は出題しやすい。そのため英文法に重点を置いて学ぶのは一理あると言える。

なお筆者がおよそ半世紀前に通った高校にはやや特異な英語の先生がいて、英文法をさほど教えず、長文の英語の小説を速く読めるようになるような授業をしていた。受験に強い高校だったのに、受験英語をさして教えず、大学の文学部英文科のように長文の英語小説を読ませる授業に、生徒や父兄からの批判の声があがった。

しかし筆者にとっては、チャールズ・ディケンズ、サマーセット・モーム、コナン・ドイル、アーネスト・ヘミングウェイなどの小説を速く読む授業は好奇心を満たしてくれた。さらに、大学院生活をアメリカで送ったとき、英語のぶ厚い本や長い論文を速く読むことができたのは、この高校の先生のお蔭であると感謝している。その経験から、高校での英語を大学受験の準備のためだけの科目とは思わず、「読む・書く」術を学ぶことも大切であると認識している。さらに、学者やビジネスマンにとっても、英文を速く読み、かつ正確に書けることが期待される時代になっている。

一方で当時の高校では、英会話の授業はほとんどなく、日本人の多くが英会話の習得に大変苦労させられたのも事実である。その意味でも、今の高校生の多くは英会話を取り入れた授業を受けているので、その苦労は筆者より少ないと予想できる。しかも英会話学校が花盛りであるし、YouTube などの動画を介して活きた英語と触れる場は増えた。しかし学外の英会話学校に通うには当然、費用がかかるわけなので、低所得者層の子弟などにはバウチャー（補助金）などを通じた教育支援がますます必要になるかもしれない。

■大学のグローバル化を支える外国人教員と留学生

新エリートを輩出するために必要な要素として、グローバル化や英語教育があることが分かった。

なおグローバル化の勢いはヒト、モノ、カネが国境を越えて移動することに表される。あらためて大学に注目すれば、それは教員に外国人がどれだけいるか、そして留学生をどれだけ受け入れているか、出しているかで評価されるだろう。

ここで日本の大学における外国人教員数を調べてみる。

政府の「学校基本調査」によると、2018年度において、大学における外国人教員数（本務者）は8609人（女性は2510人）であり、全教員のうちではわずか4・6％にすぎない。これでも増加傾向にあるとのことで、実際、2013年の7075人より増えてはいる。しかし全体で評価すれば5％以下という数字は、むしろ非常に少ない。世界の大学評価では多くの場合、外国人教員比率が一つの指標になっている。だからこそ、この低さは日本の大学が抱える課題とも言える。

ではなぜ日本では、外国人教員が極端に少ないのか。

その要因は、主に三つ考えられる。

第一に、日本語のできる外国人教員がとても少ないという事情。たとえば教授会などで、日本語のできない教授をどう扱うか、といった問題が生じる。第二に、外国語（特に英語）で講義を受けられる日本人の学生が少ないという事情。第三に、日本の大学教員の給料は諸外国に比べても高くはないので、優秀で研究能力の高い外国人教員を雇用するのは容易ではないという事情。その他、在留資格のハードルなどもあるだろうが、とにかく私立大学のほうが、そもそも教員採用が比較的しやすい環境にあるのは事実で、その意味で、国立大学より一歩先を進んでいるとも言える。そしてこれらの事情が、外国人教員の採用、そして彼らの活躍にブレーキをかけているのは明らかだ。

続いて留学生の数に注目してみよう。

まずは日本から外国への留学である。図表4は過去35年にわたる日本から外国への留学生の数を示したものである。

1983（昭和58）年にはおよそ1万8千人であったのが、その後増加し、2004年

図表4　日本から外国への留学生の数

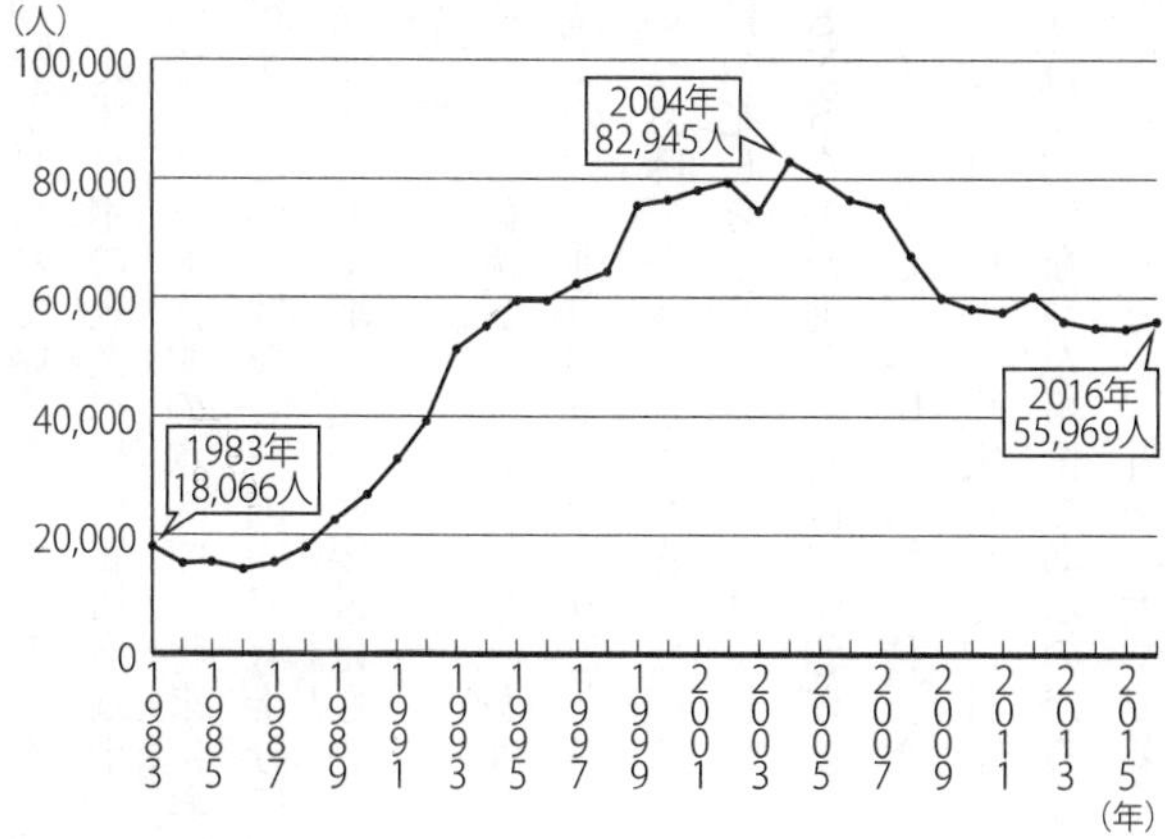

出典：「外国人留学生在籍状況調査」及び「日本人の海外留学者数」等について（文部科学省）

（平成16）年にはおよそ8万3千人にまで増加。その率、約4・6倍もの増加である。日本における国際化の浸透により、外国の大学で学ぼうとする学生が増えたのだろう。

しかし、この数字はその後減少の傾向を示し、2011（平成23）年には2004年の3割減となるおよそ5万8千人まで低下している。その年起きた東日本大震災の影響などもあるだろうが、いずれにせよ日本の経済不況が進行した結果、外国の大学にまで行って学ぶだけの資金を用意できないといった経済的な事情があったのはおそらく間違いない。

一方でメディアなどでは、海外への日本人留学生の減少は学生側の意識に「内向き志向」が見られているからだ、という論調も強い。確かに日本の大学で勉強していれば、とりあえず日本の企業への就職機会は十分に開かれている。しかも労働力不足が予想されているので、とりあえずの意味で、将来においても不安は少ないのかもしれない。また外国語を習得するためだけなら、国内でも十分に学ぶ機会はあるし、高額な費用と多くの時間を要する留学までして取り組む必要性はない。結果として若い人々が留学を避けるようになった、というのである。

そうした論調がどこまで正しいかはわからないが、海外の空気に触れ、刺激を受ける機会が減るのは、進取の気性を失うことにもつながり、決して望ましいこととは思われない。そういう意味で多少の反省があって、ここ数年で下降傾向は停止し、ほんのわずかとはいえ、上昇の兆しを見せているのは好ましいことだ。

SNSなどを通じて外国の情報が多く流れてくる時代になったので、若い人も外国で暮らしてみたいとか、外国で研鑽を積みたいなど、国外での活動に意義を見つけるようになったのかもしれないが、現実として、日本の企業が留学経験者や外国大学出身者の採用について、より積極的になった事情もあるのだろう。かつて日本企業は3月に卒業する日本国内の大卒者を採用する一方で、外国の大学で多く見られる6月卒業者などには門戸をあまり開かず、冷淡な印象もあった。しかし経済のグローバル化の下、外国語に強い人や異文化の中で教育を受けた人の価値を見出すとともに、よりフレキシブルな採用を取り入れている。そのことで、学生も安心して留学をすることができるようになったのかもしれない。

では、日本からの留学生は、どの国へ留学しているのか。

留学先に注目すると、OECDの統計では、2018（平成30）年はアメリカが1万9千891人、オーストラリアが1万38人、カナダが1万35人、と英語圏が上位3国を占め、次いで中国と韓国が続いている。なおこれらの数字は短期の語学留学生を含んでおらず、大学卒業を目的として海外留学した学生数を指す。

次に外国から日本に来る留学生に注目してみる。

図表5は「2018年度外国人留学生在籍状況調査」（日本学生支援機構）を基に、1999年から2018年までの数字を示したものであるが、一貫して増加の傾向にあることが分かる。またそれと同時に、驚くべきことが二つある。

第一に、日本に来る留学生の数はおよそ30万人に達していて、日本から外国に行く日本人留学生よりもはるかに多いことである。その理由はさまざまだろうが、日本の大学は外国人にとって一定の魅力を備えている、ということなのだろう。

図表５　外国人留学生の数の推移

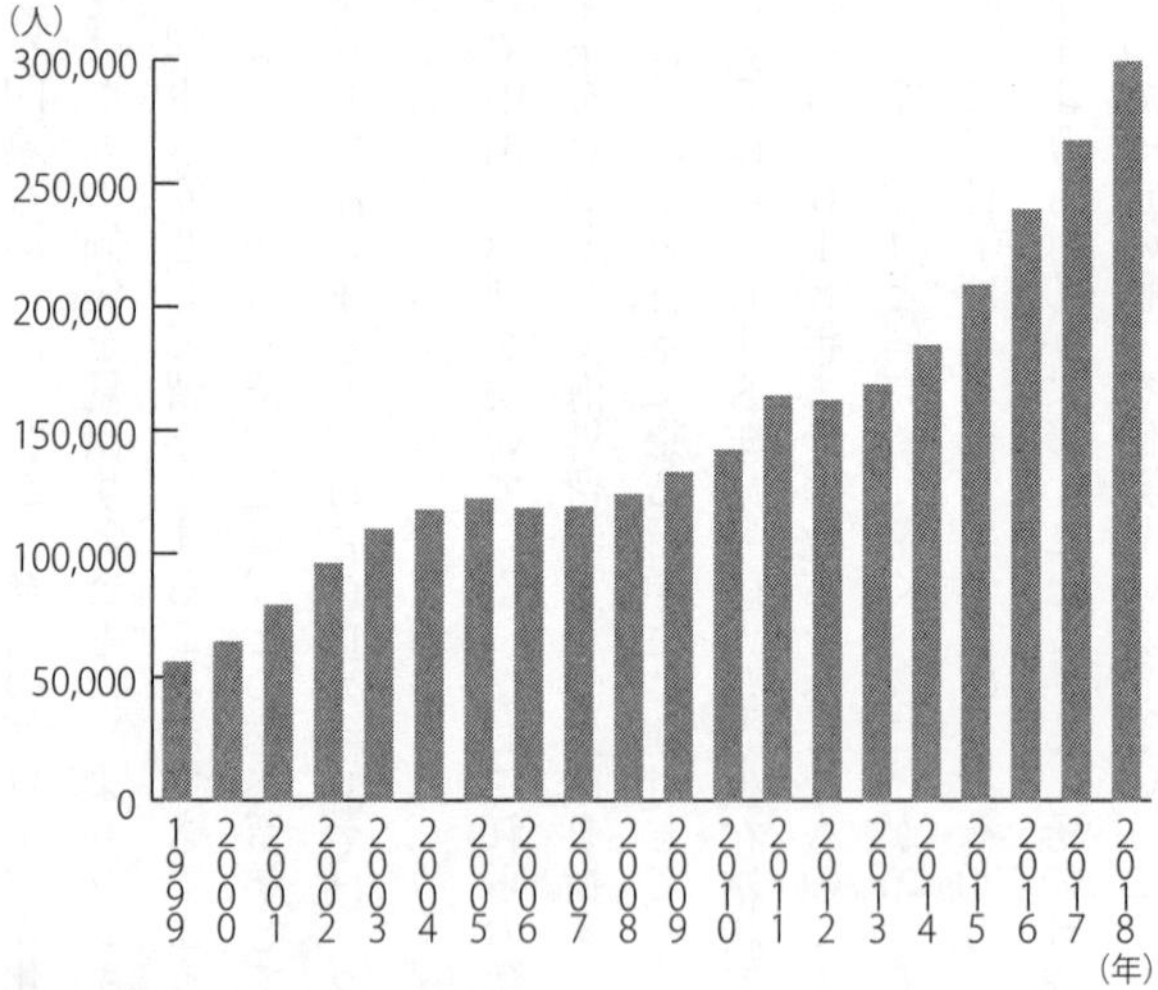

出典：外国人留学生在籍状況調査

第二に、同調査のうちどの国から来ているかに注目すれば、中国、ベトナム、ネパール、韓国と、アジアからの比率が圧倒的に高いことが分かる。なぜアジアからの人気が高いのか。何といっても日本がアジアの中では今だに先進国と認識されていることが、やはりその理由の一つにあるだろう。またアニメや音楽といった日本の文化が各国に浸透した結果、親しみを持ってもらえているのかもしれない。いずれにせよ、戦前に日本人留学生が多く欧米諸国に渡ったのと同じ理由で、自分の国より学問・文化の進んだ国に学びに行きたいと考えるのは当然である。

この論理を、最大の留学生を誇る中国にあてはめてみよう。おそらく中国の本当に優秀な学生は留学先としてまず欧米諸国を選択するであろう。たとえば欧米の大学の国際的な評価の高さはもちろん、キャリアを考えたときの英語習得の重要性、さらにアメリカなどなら将来的な永住権の取得を考慮するだろうからだ。中国外交部が発表した数字によると、2020年7月の段階でアメリカに41万人、カナダに23万人、イギリスに22万人の中国人学生が留学している状況にあるとされる。

それだけに、日本を選んだ中国人留学生は、残念ながらそういった国への留学を果たせなかった人が来ている可能性もある。もちろん、必ずしも全員がそうであるとは言わないが、筆者が京都大学で教員をしていた際、指導していた中国人留学生の数名から、そうした事情であったことを聞いた。

だからこそ中国をはじめ、アジアからより優秀な留学生を獲得したいのなら、奨学金など、制度を充実させることが肝要である。さらに言えば、受け入れ側の大学も各種制度を整える一方で、よりいっそう熱心にそのような留学生の指導にあたる気概を持つことが重要となるだろう。

また、現実としてはＡＩが社会で存在感を増す中、それに適応するための能力を鍛えるべく「ＳＴＥＡＭ」、つまりScience、technology、engineering、art、mathematicsといった分野について、より多くの教養を身につけることが学生に求められている。今章ではあくまで現状を鑑みて、英語教育を中心に論じたが、今後はそうした分野での学習をサポートする大学のあり方がより求められるのも明白だ。

そして今の時代に即したエリートを再設定したそうした施策の先で、初めて日本の大学も本当の意味での国際的な空気をまとい、学生を育て、またそこから世界に飛び立たせる土壌が整うと筆者は感じている。

コラム1　なぜ英語が随一の国際語になったのか

グローバル人材と求められる英語のレベル

そもそも、なぜ英語が随一の国際語になったのか、ここで少し考えたい。

14世紀頃までの世界は各地域で固有の言語が、そこに住む人の間で使用されていた。あえて言えば、ヨーロッパの教養人の間ではラテン語が世界語の地位にあったといえるかもしれない。

15世紀から17世紀にかけてポルトガル・スペインを中心にして大航海時代が始まった。その後ヨーロッパの大国（イギリス、フランスなど）が植民地の獲得のために世界各国に進出して、帝国主義の時代を迎えた。ポルトガル語とスペイン語は主に南米で広まったが、イギリスとフランスはアジア、アフリカ、北米で植民地を多く持ち、かつ帝国主義の覇者として世界に君臨することとなり、英語とフランス語が自然に世界各地で使用されるようになる。

20世紀になるとこの傾向はますます進み、外交用語として英語・フランス語の定着が見られた。

ドイツ語に関しては、ドイツは20世紀初頭は世界に名だたる医学先進国家であったし、理科を中心とした学問も強かったので、ドイツ語は特別な高い地位にあった。一昔前の日本でも、医師の書くカルテはドイツ語で書かれていたことを、筆者も少なからず覚えている。日本の旧制高校では外国語で募集を区分していたが、一番人気は英語(甲類と呼ばれた)、二番目はドイツ語(乙類)、三番目がフランス語(丙類)というのが一般的だった。

第二次世界大戦後、アメリカは世界最強の経済大国、軍事大国となり、英語の地位が格段に高まる一方で、逆に植民地を失ったフランスのフランス語と、敗戦国ドイツのドイツ語の地位は低落していく。

21世紀となった現在も、仏独両国の文化・学問における地位は高いため、これらの分野でそれぞれの言語の存在意義は今も高い。とはいえ経済のグローバル化の中で世界経済を牽引するアメリカの影響力はあまりに強く、結果として、ビジネス分野を中心に英語が世界の共通言語として君臨する時代となったというわけである。

今現在、どの言語を母国語にしているかという言語別の人口を見ると、文部科学省の発表によれば、9億人にも迫る中国語がトップで、続いて4億人程度の英語、3億人台のスペイン語、ヒンディー語、アラビア語といった順になっている。

英語は人口のうえでは第二位だが、アメリカの国力もあって世界語になっているのは事実である。逆に中国語とスペイン語の地位が低いのは、これらの国の政治・経済（特に中南米諸国）の力が未だアメリカに及ばないからであろう。

ただしここで重要な点は、英語を第一外国語（あるいは第二母国語）にしている人が世界では圧倒的に多いという事実だ。それは英語を駆使できないと、外交、ビジネス、学問、文化、スポーツなどあらゆる分野において活動しにくい時代になっている表れであり、英語を母国語としていない人々は、必死に外国語である英語を習得せねばならないのである。グローバル化の波からはじき出されないためには、英語が必須なのであり、それは日本人とて例外ではない。

しかし現実がそうであるとしても、世界語としての英語の君臨が果たして望ましいことであるかどうかについては本章でも触れた通り、議論の余地がある。筆者の考えでは、一つの言語が君臨することはそれほど望ましくない、あるいは人々を不幸にしかねない、とも感じている。

なぜならば、特定の言語が世界語として用いられると、世界中の人々に「その言語にまつわる制度、哲学、文化などが望ましいもの」と思わせる可能性が生じるからだ。現在であれば英語圏のアングロ・サクソン諸国のそれらが該当する。

たとえば筆者の専門である経済学でも、市場絶対主義、新自由主義、小さな政府といったアングロ・サクソン諸国の考え方が、ユニヴァーサルな価値を持つように信じ込まされている傾向がみられる。

英米で生み出される経済学の文献が英語の力を借り、世界中に流布されると、他の言語で書かれた経済学の文献が無視されてしまうし、留学生も英米に集中した結果、そこで教え込まれる経済学を最上のものとして信じ込んでしまう。その先では「英語さえできればいい」となり、多様な思想、文化、制度を無視してしまう、あるいはそれに接する機会を失う可能性がある、ということだ。

日本人としての筆者の経験として、初めて会ったアメリカ人の幾人かは、特に深い意味はないだろうが、「Do you speak English?」と聞いてくる。

これはアメリカ人が、「英語こそ世界語」と認識しているからこそ発せられるものだろうし、裏返せばアメリカ人は非英語圏の思想などを学ぼうとする機会や姿勢を失っているとも言える。筆者はフランス語を習得したことで、アングロ・サクソンとラテンにおける思想、文化、制度の違いを知ることができ、知識の面だけでなく人間として一まわり大きくなったと思っている。

人々のコミュニケーションが唯一の言語（すなわち英語）でなされることで、さまざまな面で効率化が進み、交渉をうまく進められるというメリットはある。ただし交渉の内容が高度かつ複雑になればなるほど、母国語が英語でない人は不利益を蒙る可能性がある。それは自分の言いたいことの１００％を言い尽くせないからであり、学問の場における発表も同じだろう。

しかし、こうした危惧もまもなく消滅するのではないだろうか。ＡＩを駆使した自動翻訳機や通訳機は今後さらに発展するであろうし、母国語で発言、あるいは執筆しても、すぐに英語をはじめとした他の言語に翻訳、通訳される時代になるはずだ。

しかしそうなるまでの間、おそらくもうしばらくは英語圏以外の人は英語をマスターすることが半ば義務のように求められる状況は続く。

コラム2　ドイツの大学は今

日米の大学の在り方に大きな影響を与えたフンボルト大学

日本で最初の大学（特に帝国大学［後の東京帝大、今の東京大学］）はドイツの大学をモデルとしている。建国以来いわゆるカレッジ（学部が中心で教養教育を主眼とする大学）が中心であったアメリカでも、1876年設立のジョンズ・ホプキンス大学がドイツの大学をモデルとし、研究中心の大学院教育を柱にする大学を目指した。それを機に、その動きがシカゴ大学はじめ他の大学にも浸透し、現代のアメリカでは大学院中心の大学が定着している。

このコラムでは比較対象として、そのドイツの大学が現在、どのような状況に置かれているか考えてみたい。

ドイツの大学のなかでも、特に日米の大学に大きな影響を与えた学校として、ベルリンにあるフンボルト大学（時にベルリン大学と称されることもあったが、現代では一般的にベルリン・フンボルト大学と称されている）が挙げられる。日本の大学の成り立ちを深く知る意味でも、フンボルト大学の成り立ちをある程度知っておいて損はない。

同大学の創立は１８１０年、言語学者で教育者でもあるフンボルトによって設立された。

当時まだドイツ帝国は成立しておらず、有力国であるプロイセン大国においての設立であった。ただしプロイセンは後のドイツ帝国ができた際、その中心を担った国だったため、その影響力は強かった。ドイツには、中世の時代から続くハイデルベルク大学など名門大学がいくつかあるが、フンボルト大学は19世紀の創立なので比較的新しい。そのため、旧来の大学とは異なる精神で建学されている。

たとえば、当時も今も、ヨーロッパの大学は伝統として法学、神学、医学を中心科目にしてきた。しかしフンボルト大学では医学は当然として、数学、物理、化学、文学といった学問を重視して、それらの学問の発展へと大いに尽くしたことで、研究大学としての名声を高めたのである。哲学者のフィヒテ、ヘーゲル、医学者のコッホなど、実際に多数の優れた学者を輩出した。

この名声に憧れて、日本からも森鷗外、北里柴三郎、寺田寅彦といった有名な学者が留学している。そして研究中心の大学や大学院教育を重視する姿は「フンボルト精神」として大学界において名声を博し、これが日本やアメリカの大学へ大きな影響を与えていった。

ところが第二次世界大戦後、フンボルト大学は旧東ドイツに属することになり、影が薄くなっていく。西側のベルリンにベルリン自由大学が設立されたことも影響があるだろう。1990年にドイツ再統一が実現したことでフンボルト大学は再び首都の大学となり、ようやく地位を回復することになる。

格差のないドイツの大学が抱える問題

なおドイツの大学の経営は主として州の財政で賄われる。そのため、ほとんどを州立大学とみなすことができるだろう。ドイツは連邦国家なので、結局は国立大学とみなす考え方もあるが、個々の大学運営は州政府の管理下にあるために公立大学であり、現在でも学費はほぼ無料だ。その一方で、私立大学がほとんど存在していないことがドイツのもう一つの特色でもある。

そうした環境下にあるためか、ドイツでは、大学間の格差があまり見られない。個々の大学が固有の入試を課さないため、自分が生まれ育った州の大学に進学するのがあたり前で、入学してくる学生の質にも大学間で大きな差が生じないのである。また、どこの大学を卒業したかという出身大学名がキャリアに有利に働いたり、逆に不利に働いたりといった影響もあまりない。ドイツが英仏米日のような学歴社会にならなかった背景として、大学間格差が小さいことはあるだろう。

しかしながら、大学間格差があまりないという現状は、研究水準に少なからず影響を及ぼしている。そもそも戦前のドイツは世界に冠たる学問水準の高さを誇っていたが、その後ユダヤ人排斥の影響を受けて優秀な研究者がアメリカに移住してしまい、研究水準が低迷することとなった。アメリカに亡命した著名人の代表格が物理学者として名高いアインシュタインである。

こうした歴史的要因に加え、大学間格差が小さく、学生のレベルも各大学であまり差がないとなれば、どうしても優秀な研究者が輩出されにくくなる。

事実、ドイツ全体の学問水準は低迷し、大学の沈滞が戦後の長期間続いてきた。

筆者の専門分野である経済学を例にしても、戦前のドイツからはエンゲルスやマルクス、オーストリアからはハイエク、シュンペーターなどの第一級の学者や研究者が輩出されているが、戦後はアメリカ、イギリス、フランス、スウェーデンにすっかりその地位を奪われ、目立つ経済学者は生まれなくなっている。

そうした背景から、ドイツの政策当局と教育界は、米英仏日のように大学間にあえて格差を設け、ある程度偏りを作って大学に投資するように動き始めた。

もともとドイツにはいくつかの大学に重点的に研究予算を配布する"Excellent Initiative"という制度があった。それを発展させ、2016年には、連邦・州政府の合同で"Universities of Excellence"計画が立ち上がり、数十の特定の研究プロジェクトに対し、研究水準を上げるべく多額の研究費を支給するようになった。こうした計画はまさにドイツの大学の将来に、格差を拡大する素地になると思われる。

そしてドイツの大学がなぜこのように特定の大学、あるいは研究プロジェクトに研究資金を集中させなければならなくなったのか、あらためてその背景を考えれば、ある意味、日本と似た課題を抱えていたことが分かる。

たとえばTimes Higher Education（THE）が2020年9月に発表した世界大

学ランキングを見れば、オックスフォード大学やスタンフォード大学など、上位はほぼ米英の大学で占められており、トップ15位以内にドイツの大学はなく、また日本の大学もそこに存在していない。

国内での平等性を追求するのか、それとも少数ではあっても世界レベルの大学や研究・教育を確立するために格差を容認するのか。両国ともその岐路に立っていると言えるだろう。

第四章

世界で求められる大学の変容——研究はどう変わったのか

■世界で評価される大学になるために

第三章では、日本国内におけるエリートの姿の変容とともに、変化を求められてきた大学の姿について考えてみた。一方でより進むグローバル化の流れのなか、今では日本国内というより、世界において求められるエリートの姿の変容とともに、大学は変化を求められている。その実態についてこの章で検討してみたい。

コラムでも触れたＴＨＥ以外にも、世界にはさまざまな大学ランキングが存在する。そして、今やそのランキングが大学そのものの世界的価値を定めつつある。

代表的なものとしては、米国のU.S. News&World Reportの「Best Global Universities Rankings」①、英国のTimes Higher Education（ＴＨＥ）による「World University Rankings」②、そして中国・上海交通大学の「Academic Ranking of World Universities」③などである。

それぞれがどのように評価しているのか、基準を簡単に述べておく。

①は世界や地域で評価された論文、教員の論文数や被引用率、学術本の出版など。②は教

図表6　③Academic Ranking of World Universities（上海交通大学、2019）

順位	大学	合計
1	ハーバード大（米）	100.0
2	スタンフォード大（米）	75.1
3	ケンブリッジ大（英）	72.3
4	マサチューセッツ工科大（米）	69.0
5	カリフォルニア大バークリー校（米）	67.9
6	プリンストン大（米）	60.0
7	オックスフォード大（英）	59.7
8	コロンビア大（米）	59.1
9	カリフォルニア工科大（米）	58.6
10	シカゴ大（米）	55.1
⋮		
25	東京大（日）	40.7
⋮		
32	京都大（日）	37.0
⋮		
90	名古屋大（日）	27.1

出典：『大学ランキング 2021』（朝日新聞出版）

育、国際化（教員、学生）、産学共同、研究の量と評判、教員一人当たりの論文引用数など。③はノーベル賞やその他の受賞、論文の被引用率、学術誌「ネイチャー」・「サイエンス」への投稿、引用論文率などがその決定要因として大きい。

続いて、それぞれの報告を簡単に見ていきたい。研究水準をもっとも重要な基準としている③上海交通大学による結果は図表6で示される。これによると東京大学は25位、京都大学が32位、名古屋大学が90位なので、そう悪くない。ところが研究のみならず教育・国際化・産学共同などを含めた総合評価である②Times Higher Education（図表7）によると、東京大学は36位、京都大学は65位となって、研究中心の評価と比較するとかなり順位は低下する。

その主な理由として、日本の大学が国際化に遅れを見せている点にあるとされている。それらの中間とみなせる①U.S. News&World Report（図表8）でもやはり東京大学は74位、京都大学は124位と、ともに50位を外れている。

これらの大学ランキングをあらためて概観していくと、第一にいずれのランキングにおいても、アメリカとイギリスの大学が上位に位置していることが分かる。

②Times Higher Educationではトップ20の大学を示したが、この中で英米以外の大学は

図表7　②World University Rankings 2020（Times Higher Education）

順位	大学	総合スコア
1	オックスフォード大（英）	95.4
2	カリフォルニア工科大（米）	94.5
3	ケンブリッジ大（英）	94.4
4	スタンフォード大（米）	94.3
5	マサチューセッツ工科大（米）	93.6
6	プリンストン大（米）	93.2
7	ハーバード大（米）	93.0
8	イエール大（米）	91.7
9	シカゴ大（米）	90.2
10	インペリアル・カレッジ（英）	89.8
11	ペンシルベニア大（米）	89.6
12	ジョンズ・ホプキンス大（米）	89.2
13	カリフォルニア大バークリー校（米）	88.3
	チューリッヒ工科大（スイス）	88.3
15	ユニバーシティカレッジ（英）	87.1
16	コロンビア大（米）	87.0
17	カリフォルニア大ロスアンゼルス校（米）	86.8
18	トロント大（カナダ）	85.5
19	コーネル大（米）	85.1
20	デューク大（米）	84.0
⋮		
36	東京大（日）	75.7
⋮		
65	京都大（日）	67.7

出典：『大学ランキング2021』（朝日新聞出版）

図表８　①Best Global Universities Rankings（U.S. News & World Report 2020）

順位	大学	スコア
1	ハーバード大（米）	100.0
2	マサチューセッツ工科大（米）	98.4
3	スタンフォード大（米）	94.9
4	カリフォルニア大バークリー校（米）	90.3
5	オックスフォード大（英）	87.2
⋮		
74	東京大（日）	72.5
⋮		
124	京都大（日）	66.8

出典：『大学ランキング2021』（朝日新聞出版）

13位のチューリッヒ工科大学（スイス）と、18位のトロント大学（カナダ）の2校のみである。さらに非英語圏に絞ればスイスだけであり、この結果を見るかぎり、英語で研究・教育をする大学の圧倒的な優位性がうかがえる。

第二に、その英米間でも微妙な違いがあることが分かる。

まず②によると、イギリスの大学はトップ20では4校にすぎず、アメリカの大学が14校もあってほぼ独占状態に近い。これを見るかぎりでは、ランキングを制作するTimes Higher Education（英）が自国（英国）の大学を特別に評価しているということはなさそうに感じる。しかしあらためてよく見てみると、①のU.S. News&World Report（米）ではトップ4がすべてアメリカの大学であり、Times Higher Education（英）でもトップ5のうち2校がイギリスの大学であることに気付く。自国の大学には甘い評価がなされがちなのでは、ということを多少なりとも思わせる結果である。

文部科学省は2013年に発表した「国立大学改革プラン」を通じ、「今後10年で世界大学ランキングトップ100のなかに、日本の大学10校以上をランクインさせたい」という目標を設け、そのための支援は惜しまないことを宣言してきた。しかし、いま見てきたように三つのランキングによると、東京大学がかろうじてトップ100に入っているくらいで、未だその目標にはほど遠い現状にあることが分かる。さらに言えば、ランキングという意味では、むしろ日本の大学の順位は低下し続けていると言ったほうが正しい。

その証拠の一つとして、日本でのトップ大学である東京大学は、②のTimes Higher Educationにおいて2014年の23位から翌年以降毎年43位、39位、46位、42位、36位というように多少の変動はあっても、大きな傾向としては順位を下げている。これこそ、日本の大学の不振の象徴となっている。

■ノーベル賞と日本人

ところで学術の世界における最高の賞がノーベル賞であることに異論はなく、また日本は世界トップクラスの受賞国であったことも事実だ。その事実と現状の大学ランキングにはいささかの乖離があるようにも感じられる。

ここであらためてノーベル賞について紹介すれば、スウェーデンでダイナマイトを発明したアルフレッド・ノーベルの巨額の遺産の運用益と寄付金をもとに賞金が与えられる、1901年にスタートした世界的な学術賞であり、物理学、化学、生理学・医学、文学、平和が当初の分野とされ、1969年に経済学が加わった。

なお文学と平和は純粋学問とは異なるため、学術分野とは異なった基準で受賞者が選ばれている。さらに言えば、平和賞はノルウェーによる授与、経済学賞はスウェーデン中央銀行の基金によるものなので、他の分野とやや異なる性格がある。特にスウェーデンのノーベル賞委員会は、経済学賞に対して、従来のノーベル賞とは一線を画したものであるという方針を貫いているし、経済学をノーベル賞から外すべき、という意見まで見られる。そしてなぜ経済学賞がこうした扱いを受けているかといえば、経済学はその学問の性質上、時の政治・経済情勢の影響を受ける可能性があると考えられているからとされる。

しかし、この見方はさほど説得力がない。なぜならば、平和賞こそまさにこの特色そのものだからである。経済学は自然科学のような純粋学問とは異なって、その成果を実験などで確認することができない。その性質への疑義と筆者は考えている。

一方、純粋学問といえば数学がもっともふさわしいが、ノーベル賞に数学賞はない。冗談話として、アルフレッド・ノーベルは数学が嫌いだったとか、女性数学者にフラれた経験があるからだという説もあるが、真偽は不明だ。

現在ではノーベル賞級の学術賞として、数学には「フィールズ賞」というのがある。受賞資格が40歳以下であることなど、やや制約があり、ノーベル賞のように毎年ではなく4年に一度、数人に与えられる。これまで日本人は、小平邦彦（東京大学）、広中平祐（京都大学）、森重文（京都大学）の三名が受賞しており、日本の数学の水準の高さを示す証拠といえよう。

あらためて日本人のノーベル賞受賞者に注目すると、これまでに30人近くが受賞している。実際には、受賞時には外国にいたり、外国籍を取っている人もいたので細かい数字はここに示さないが、日本はこれまで経済学以外のすべての賞に受賞者を輩出している。

歴史を振り返れば、第一回のノーベル生理・医学賞の候補者には日本人の北里柴三郎の名が既に挙がっていた。北里は留学先のドイツで、結核菌やコレラ菌の発見者のロベルト・コッホの研究室に入り、同僚のベーリングと共同でジフテリアの免疫血清療法を生んでいる。なおベーリングはノーベル賞を得たが、北里は受賞できなかった。

その理由は諸説がある。北里が出身校の東京大学医学部と対立していたので文部省・東京大学が受賞に反対した、あるいは初のノーベル賞だったので、東洋人には与えたくないという人種的な考慮があったなどであるが、確実なところはわからない。

もう一人は同じく生理学・医学の山極勝三郎である。人工癌を最初に発明した人として業績はあったが、同じようにデンマーク人のフィビゲルが寄生虫からの人工癌の発生に成功していた。１９２６年には二人の共同受賞の可能性があったが、結局山極は外された。後になってフィビゲルの研究に誤りがあったとわかって、山極の価値は再認識されたが、すべては後の祭りであった。

他にもビタミンB_1発見の鈴木梅太郎、黄熱病の野口英世も候補になったが、受賞には至らなかった。むしろその後に日本が強くなったのは理論物理学であり、京都大学出身の湯川秀樹と朝永振一郎が戦後になってようやく受賞へと至り、日本の学問の優秀さが世界に知れ渡ることとなった。

特に湯川の1949（昭和24）年の物理学賞受賞は日本人初のノーベル賞受賞であり、湯川と同じ頃に水泳で世界的注目を浴びた古橋広之進（フジヤマのトビウオ）とともに、敗戦で打ちひしがれていた日本人の希望の光であった。

■なぜ日本人はノーベル賞を受賞し続けてきたのか

ここですべての分野におけるノーベル賞の全受賞者を出生地の国別と、受賞時の国別を知るために、図表9を見てみよう。日本に関して、「科学技術要覧 令和元年版」の表記によると24名と、国別ランキングでは第五位という高い位置にある。出生国だけに注目すると、日本はイギリス、ドイツ、フランスという伝統的な学術国には少し劣るが、スイス、ロシアより多いのは特筆に値する。なお、アメリカがダントツのトップであることはあらためて強調されてよい。

ではなぜ日本人がノーベル賞に強いのか。それには種々の理由が考えられる。

図表9　ノーベル賞受賞者国別ランキング（出生地）

順位	国名	人数
1	米国	267
2	英国	82
3	ドイツ	70
4	フランス	33
5	日本	24
6	スイス	18
7	スウェーデン	17
8	オランダ	15
9	旧ソ連（ロシア含む）	14
10	カナダ	12

注
(1) ノーベル賞は、自然科学分野の物理学、化学、生理学・医学の各賞について、ノーベル財団の発表等に基づき、文部科学省において、試行的に取りまとめたもの。
(2) 日本人受賞者のうち、2008年物理学賞受賞の南部陽一郎博士、2014年物理学賞受賞の中村修二博士は、米国籍で受賞している。
(3) 日本人以外はノーベル財団が発表している受賞時の国籍（二重国籍者は出生国）でカウントし、それらが不明な場合等は、受賞時の主な活動拠点国でカウントしている。
出典：文部科学省「科学技術要覧　令和元年版」

第一に、明治時代以来、日本は学問を大切にしてきたし、子どもが勉強して学問に強くなることを奨励してきたことがある。

第二に、国民の間でも、学業に強い人が人々から敬意をもってみられてきたので、学問で身を立てることを志す人が多数いた。特に医療の分野は欧米諸国から後れをとっていたので、キャッチアップ精神と先端的な知識獲得への意欲がかきたてられ、医学・医療の分野で学び、仕事をしたいという若者が多かった。戦前にノーベル賞候補になった日本人は、生理学・医学の分野が多かったことは既に述べた。

第三に、日本がいわゆる経済大国と呼ばれるまでに成長し、潤沢な資金を研究に割り当てられるようになったという背景もある。たとえば２００２（平成14）年には東京大学の小柴昌俊が実験物理でノーベル賞を受賞した。岐阜県の山奥で「カミオカンデ」という地下の宇宙素粒子観測装置を国の研究費でつくり、ニュートリノの観測に成功したのだが、日本が経済的に豊かになったことで、こうした大規模な設備の建設と実験も可能となったのは間違いない。学問研究にはお金がかかるのである。

さらに第四として、明治維新以降、日本は先進国に学べというキャッチアップ主義で、外国語の教育に熱心だったので、若い人が外国語の論文を読みこなすのと書くのに、それほどの苦労がなかったことが挙げられる。

これらの要因が複合的に組み合わさって、日本の学問の水準を押し上げ、その結果としてノーベル賞という評価のなかでは世界的な評価を獲得できたのである。

■なぜアメリカの研究が強くなったのか

今では大学ランキング上位の常連であるアメリカの大学であるが、かつて学問、研究の水準は、戦前においてはヨーロッパより遅れていた。先の図表3でも明らかなように、戦前はノーベル賞受賞者の国籍はヨーロッパが多かったし、そうした進んだ学問を学ぶためにアメリカの学者がヨーロッパに留学するのが普通であった。

ところが第二次世界大戦後、戦勝国アメリカは、世界一の経済大国としての存在感を背景に、学問・研究で力をつけていく。前章でも説明したが、ナチスに迫害された優秀なユダヤ人が、アメリカの大学・研究所に移り、戦中戦後の研究水準を押し上げたことも、その理由としてあるだろう。

このように戦後、順調に成長を遂げていたアメリカの大学や研究レベルだったが、ある時、一大事件が起こる。1957年10月4日、ソ連が人類最初の人工衛星「スプートニク1号」の打ち上げに成功したのだ。そのニュースに、アメリカは震撼した。いわゆる「スプートニク・ショック」である。当時の米ソは冷戦の真最中。ミサイルなどの軍事力、技術力でソ連に後れをとったと危機感に襲われたアメリカは、科学を中心にした学問・研究の強化に、官民一体となってまい進するようになる。

アメリカ連邦政府は研究・教育費を劇的に増加。1959（昭和34）年にはおよそ340０万ドルだったNSF（全米科学財団）の予算は、なんと翌年には1億ドル増加（すなわち約4倍に増加）され、1968（昭和43）年には5億ドルにまで急騰したのである。

アメリカにはNSFの他に、研究費を支出する組織がいくつか存在する。代表的なものはNIH（医療や公衆衛生に特化した国立衛生研究所）である。他にもエネルギー省などを含めた機関で、連邦政府が研究支出をしており、大学や研究所へと研究費を配布している。

その他アメリカの学問、科学技術に関して特筆すべきことは、軍事上の研究が純粋研究の発展にも結び付いているという点で、昨今軍事関連の研究支出が巨額に達していることは注視されるべきだろう。「スプートニク・ショック」があれほどの衝撃となったのも、ミサイルや核兵器開発を促す軍事技術と関連していたからなのは相違ない。

インターネットのように、軍事上の研究が学問へと転換された例で有名なものも多く、経営学の分野では、たとえばOR（オペレーションズリサーチ）がある。この学問は軍事作戦研究の中で生まれたものであり、後に学問へと応用されるようになった。

その後もアメリカは科学研究の飛躍的発展を目指し、研究費の増額を重ねてきた。それが既に述べたように、世界の中で飛び抜けた研究大国であることの背景である。

文部科学省によれば2020年現在、その総額は軍事関連をのぞいても、日本円にして6兆円を上まわるという規模にある。研究費の多いことが実験設備の充実に貢献するのはもちろん、研究に従事する人の増員、優秀な人のリクルートも容易にし、結果として研究水準の向上がもたらされている。

■アメリカの研究体制の特色

その他、アメリカの研究体制を語る意味で、四つの特色が挙げられる。

第一に、研究費の配分では、かなり徹底した選択と集中政策がとられているということ。具体的には、図表10で見られるように、大学のランクに応じて研究費の配布額が決められる。既に世界の大学ランキング上でアメリカの大学が上位を占めていることを見たが、この図からは、トップの大学に巨額の研究費が集まり、下位になるほど研究費が少なくなっていることが分かる。つまりこれは「優秀な研究者の多くいる大学ほど、より多くの研究費を受

図表10　大学別の公的研究費の日米比較

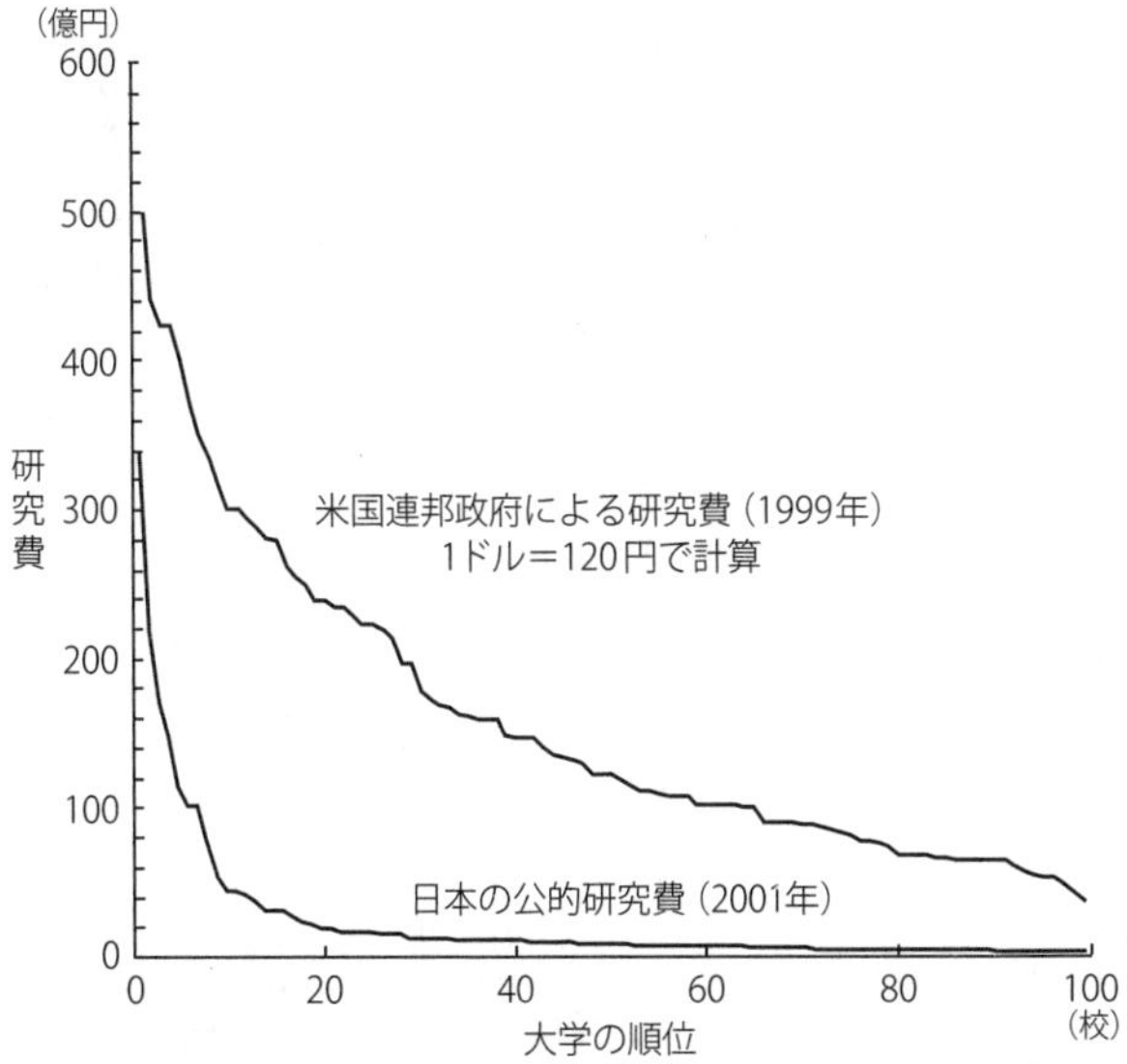

＊「米国のデータは、州政府資金を加えると、1.1 倍になる」との付記あり
出典：『科学 Vol.73 No.2』（岩波書店）より「大学の公的研究費の日米構造比較」（竹内淳）、2003

け取ることができる」ということだ。逆に公平を追求する日本ではこの傾向は弱く、順位の低い大学でも、そこまで研究費に格差が存在しないのが特徴的と言える。

　第二に、研究者個人においてもアメリカでは、研究業績の素晴らしい研究者にはより多額の研究費が配布され、より高い研究成果が期待される。能力・実績主義による競争社会のアメリカの制度的・文化的特色が、学問・研究の分野でも見事に成立しているのである。

アメリカのプロスポーツ（野球、アメフト、バスケットなど）のスター選手は途方もない高報酬を得ているが、これもアメリカ文化の一面である。なお研究者の世界ではそこまで高い報酬ではないにしても、当然、優秀な研究者の報酬は高くなる。逆に普通、あるいは普通以下の能力の研究者の多くは見放されてしまうため、そういう人たちは大学教員としてのもう一つの道でもある教育者となり、学生の教育に専念するのである。

第三に、研究者の養成機関である大学院教育においても、学業優秀な大学院生は奨学金や研究資金を得て、若手の有望な研究者として育っていく教育システムが整っているということがある。研究活動において優秀な大学院生の存在は、研究の補助的仕事のみならず、斬新な発想を提案する意味でも重要である。

第四に、外国人であっても優秀な人は、研究者として雇用するのにためらいがないことが挙げられるだろう。

図表11はG5（米英独仏日）において、外国人のアカデミー会員数（特に業績の顕著な学術業績者の団体会員）、論文被引用数、国際的科学賞の受賞者数を比較したものである。アメリカは論文被引用数、国際的学術賞の受賞数ともにトップであり、研究水準の高さを示してい

図表11　国際級研究人材の国別分布推定（人口当たりで修正）

国名	国際的科学賞	アカデミー会員	論文被引用度
日本	1.0	1.0	1.0
米国	4.9	4.5	2.8
英国	3.7	5.4	2.1
フランス	1.9	2.8	0.4
ドイツ	1.3	1.5	0.6

注
(1) 国際的科学賞とは各国の①ノーベル賞、②ラスカー賞（医学）、③ガードナー賞（医学）、④ウルフ賞（全領域）、⑤フィールズ賞（数学）、⑥チューリング賞（コンピュータ・サイエンス）、⑦日本国際賞（全領域）、⑧京都賞（全領域）を指し、その受賞者数の合計を指標とした。
(2) アカデミー会員とは、各国の科学アカデミーに外国人がどれだけノミネートされているかで調査し、その数を指標とした。
(3) 被論文数とは学術誌でどれだけ引用されているかの指標。
(4) それぞれに関して日本を 1.0 としたとき、各国は相対的にどれだけの地位にいるかを指標化している。たとえば、国際的科学賞のアメリカの数値は 4.9 となっているが、日本より 4.9 倍多いことを示している。ただしすべての数字はその国の人口数で修正されている。
出典：小島典夫・鈴木研一「国際級研究人材の国別分布推定の試み」科学技術政策研究所、調査資料 8-7、2017

る。

この表から伝わる重要なメッセージは、各国の代表的学術組織において、外国人会員がどれほどいるか、そして英米にいかに優れた外国人研究者が多いか、ということである。両国とも英語圏の国なので、外国人であっても会員になりやすい。そして英語圏であることが、優秀な外国人研究者を集めるのに有利にはたらいていることが分かる。優秀な外国人研究者にとって、格差がある意味で許容されたアメリカで研究することは、研究条件や収入の面でとても魅力的なのは間違いない。

日本人とて例外ではない。1973（昭和48）年にノーベル物理学賞を受賞した江崎玲於奈は、もともとは日本で行った研究が認められた一方で、受賞時はアメリカのIBMワトソン研究所所属となっていた。2014（平成26）年に物理学賞を受賞した中村修二も、その後アメリカの大学にスカウトされて移っている。その他にも若い頃にアメリカに移り、研究に励んだ受賞者として、物理学の南部陽一郎、化学の根岸英一と下村脩などがいる。

また第三章のコラムでも触れたが、英語中心となった学術界において、論文が英語で書かれていることで得られるアドバンテージはあまりに大きい。逆に、それ以外の言語主体で書かれているためにチャンスを逸している可能性も否定できない、というメッセージも、この表からは自然と伝わってくる。

■研究水準でランクを落とした日本

アメリカが研究の量と質で成果を出し続けてきた一方で、日本は他国と比較して相対的に地位の低下を示している。

図表12は科学技術・学術政策研究所が世界各国から発表される学術論文数の総数と、論文

図表12　国別論文数の推移

総論文数				トップ10%補正			トップ1%補正		
1994～1996年				1994～1996年			1994～1996年		
順位	国名	論文数	シェア(%)	順位	国名	シェア(%)	順位	国名	シェア(%)
1	米国	208,028	33.3	1	米国	51.8	1	米国	61.4
2	日本	56,085	9.0	2	英国	10.5	2	英国	10.9
3	英国	53,641	8.6	3	ドイツ	8.3	3	ドイツ	7.8
4	ドイツ	50,624	8.1	4	日本	6.8	4	フランス	6.2
5	フランス	39,317	6.3	5	フランス	6.5	5	カナダ	5.9
6	カナダ	28,806	4.6	6	カナダ	5.7	6	日本	5.7
2014～2016年				2014～2016年			2014～2016年		
順位	国名	論文数	シェア(%)	順位	国名	シェア(%)	順位	国名	シェア(%)
1	米国	354,831	25.1	1	米国	37.9	1	米国	48.1
2	中国	281,243	19.9	2	中国	21.6	2	中国	22.4
3	英国	100,359	7.1	3	英国	12.2	3	英国	16.8
4	ドイツ	100,262	7.1	4	ドイツ	10.6	4	ドイツ	13.6
5	日本	77,340	5.5	5	フランス	7.0	5	フランス	9.1
6	フランス	70,851	5.0	6	イタリア	6.5	6	カナダ	8.7
				⋮			⋮		
				11	日本	4.6	12	日本	5.2

注：トップ10%（あるいは1%）補正とは次の修正を行ったものである。被引用数で上位10%（あるいは1%）に入る論文を抽出して、実数の論文の1/10、1/100となるように補正をした論文数でランクしたものである。ここでは引用数の多い論文を優良論文（トップ10%）、最優良論文（トップ1%）とみなしている。

出典：科学技術・学術政策研究所HP「科学技術指標（2018）」

の質を考慮して補正した論文数をランク付けしたものである。細かい話になるが、質に関しては、トップ10％補正とトップ１％補正の二つが存在する。どのように補正するかといえば、被引用論文数が上位10％と１％に入る論文を抽出する。そしてそれらが実数の論文数の１／10、１／１００になるように補正を行ってから論文数を算出するのである。

さらに異時点間の比較を行うため、第一期間を１９９４〜96年、第二期間を２０１４〜16年としているので、約25年前と５年前における総論文数と質を考慮した論文数の変化を見る。

この表から分かることは三つある。

第一に、日本の状況は総論文数において、第二位の高さを誇った時期もあったものの、近年では第五位まで転落しており、相対的に見れば他国と比較して研究論文の数が低下している。総論文数も第一期間は５６０８５、第二期間は７７３４０なので絶対数では増加しているが、他国の増加率が日本より高いので、やはり相対的なランク低下を招いていると言える。

第二に、トップ10％で補正した優良論文に関しても、日本の順位は25年前には４位の高位置にいたが、今は11位にまで転落している。トップ１％で補正した超優良論文に関しては、第一期間では６位の位置にいたが、その後転落し現在では12位にまで落ちている。トップ10の枠外にいる以上、もはや研究の質に関して優良な論文を多く発表している国とは言い難い。

第三に、他の国についていくつかの評価をしていけば、まずアメリカが総論文数、優良論文数ともにナンバー1で、研究超大国であるのは明白である。そして上昇傾向が目立つのは中国である。25年前では総論文数、優良論文数ともに7位以下であったが、現在ではそれらが2位にまで急上昇している。もっとも中国は人口が14億人もいるので、人口当たりで換算すれば、この高い位置は割り引かれる必要はあるかもしれないが、それでも中国が学術論文の世界で大国になりつつあるのは間違いない。

また、アメリカや中国の強さに加え、イギリス、フランス、ドイツといったヨーロッパの大国が、昔からの伝統を保持して高い研究水準を誇っていることもこの表から分かる。その反面、日本は着実にその地位を失っているという事実が伝わってくる。

■日本が研究水準を落とした五つの理由

先ほどノーベル賞に注目したが、確かにある時期まで、日本は優れた研究成果を出すことができていた。それなのに、なぜ日本は、特にここ最近になって研究水準を落とすようになったのだろうか。以下、考えられる理由を五つ挙げたい。

図表13　主要国における研究開発費総額の推移

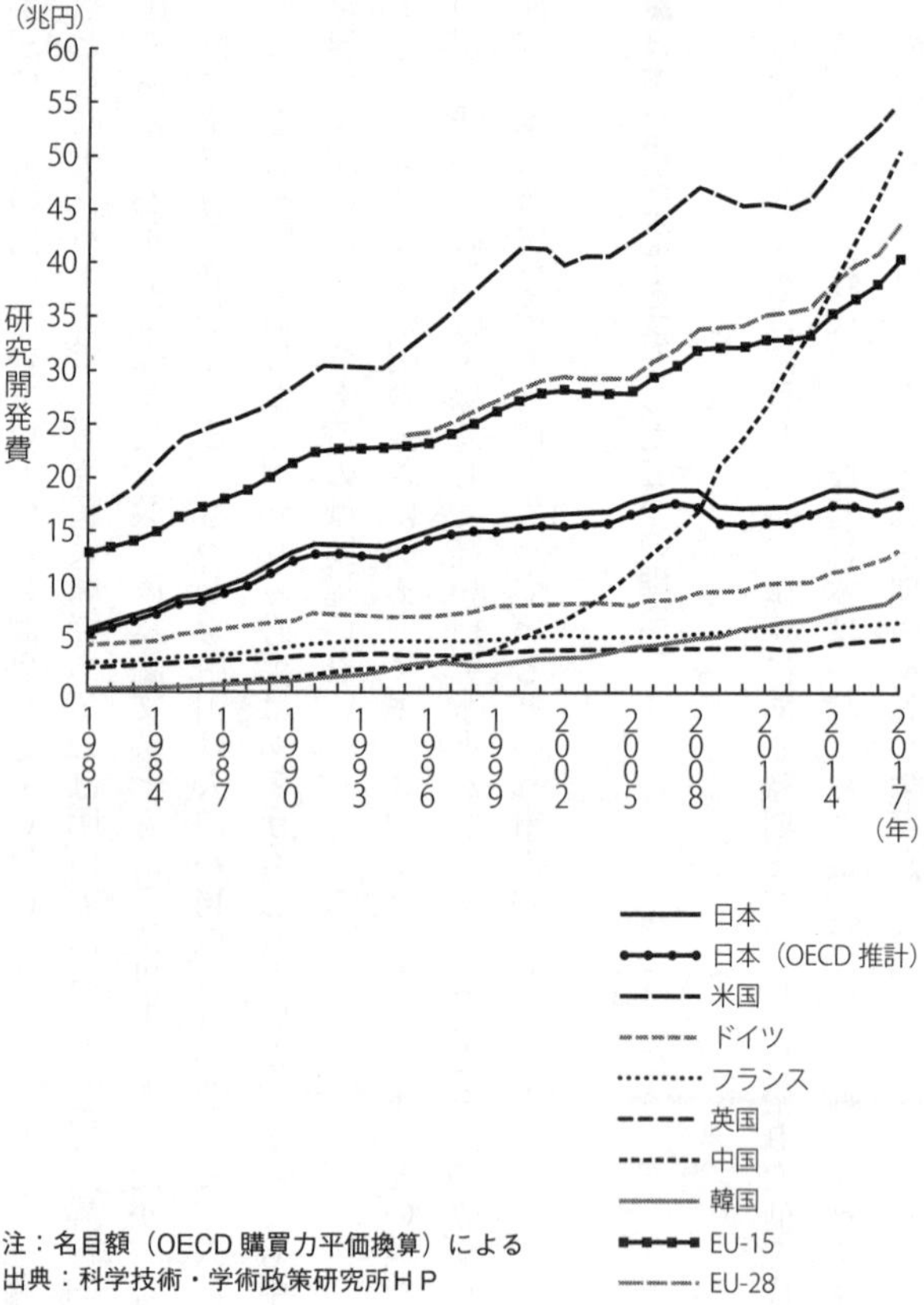

注：名目額（OECD 購買力平価換算）による
出典：科学技術・学術政策研究所ＨＰ

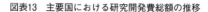

第一として、日本の研究開発費総額の伸びが低いことが、その低下要因として挙げられるだろう。

図表13は日本、アメリカ、中国、そして他の諸国における研究開発費総額の、1981年から現在までの名目額の推移を示したものである。日本に関しては、成長率はゼロではないが、伸び率は非常に低い。それと比較してアメリカの伸び率はかなり高く、その総額は今や日本のほぼ3倍まで達している。

アメリカ以外で目立って伸びているのは、やはり中国の研究開発費だ。特に2003（平成15）年あたりからの伸び率には驚異的なものがある。今やアメリカに肉薄するほどの支出額である。このことが、中国が世界第二位の研究大国になっている主たる理由の一つである。

研究、特に自然科学研究の分野では、研究費の多寡が潜在的な研究水準を決定づける傾向が強いので、日本の研究費の減少が研究水準の相対的低下の一つの理由であることは確実である。

第二に、2004（平成16）年に国立大学が法人化された影響が考えられる。

表面上は法人化によって国立大学の運営が自由になるといった魅力がアピールされた。しかし実質的には、国からの運営費交付金が毎年1％ほど削減される政策が導入され、国立大学は経費の節約に走らねばならなくなった。そしてこのことが既に述べた日本の研究費低迷の一要素となったが、悪影響はそれだけにとどまらなかった。

典型的なものとして、経費の節約により、教員は、これまでより多くの時間を教育に費やさねばならない状況となった。それは、教員数の削減や退職者の補充をしない策が導入されたからである。

教員の教育負担の増加は、研究時間の縮小をもたらす。私立大学の教授はもともとコマ数(科目数)が多いところに、さらに教育負担が増えれば、研究時間の減少は深刻となってしまう。さらに削減された研究費を補うために、科学研究費や外部の研究資金に頼る必要が生じて、それらに応募するための事務負担が増加したこともあるだろう。さらには大学事務職員数の削減も起こり、事務的、管理的な仕事も研究者にまわされるといったこともある。

第三が、研究における日本の平等主義を尊重する姿勢だ。

日本では既に紹介したアメリカのような徹底した「選択と集中」政策はとられず、優秀な研究グループがあっても、そこに集中的に多額の資金を提供するといったことは行われない。そのため、そこから優れた研究成果が出てくる期待度も大きくなかった。また結果として、研究費の総額に伸びがないとなれば、優れた研究グループへの支出が犠牲になりかねないことになる。

ただ、最近では日本の文部行政も「選択と集中」は必要と判断し、優秀な大学や研究者に多くの研究資金を提供する傾向を強める政策を採用しようとしている。たとえば、京都大学の山中伸弥教授は「iPS細胞」の研究によってノーベル生理学・医学賞を2012（平成24）年に受賞したが、この研究の推進と治療法開発のため、日本政府は京都大学に新しい研究所まで創設して、多額の研究費を投入し始めた。

日本にしては珍しい多額の投資であったが、まだ不十分との声も聞こえてきている。それでは優れた研究プロジェクトにどれだけの研究資金を投入すればよいのか、と言えば、研究成果には不確実性が伴うため、なかなかそう単純には決められそうにない。

第四に、最近の若手の研究者に昔の若手ほどの研究意欲がない、ということだ。「外国へ武者修行に行きたい」と考えるような人が、研究者においても減った印象がある。現実として日本からの留学生数が減少していることは前述のとおりだ。

若い人の研究意欲の低下の背景には、博士号を取っても就職先がない、「オーバー・ドクター」とも呼ばれる現実を前に、将来への不安を抱えていることがあるだろう。研究を離れ、他の分野に就職する人が出てくるのは当然である。

さらにこれは日本人全体に当てはまることで、特に裏付けもないが、経済的に豊かになることで、日本の居心地がよくなった反面、かつて日本人のほとんどが貧亡だった時代のようなハングリー精神が社会から失われつつあるのだろう。

最後に、理科系素養を備えた学生のトップ層が、医学部へと集中して流れていくことの影響も考えられる。大学進学希望者の中で医学部志向がより強まっていることは既に述べた。その反面、他の理科系の物理、化学、数学、工学などの分野で、優秀な人材が欠けてしまう懸念も否めない。

以上の理由が絡み合って、日本の大学の研究水準低下がもたらされていると考えられる。しかも、その低下は一つ一つの大学の沈没を引き起こすだけにとどまらず、日本全体の大学のレベルの引き下げにもつながりかねない。それが表れている象徴的なものが本章冒頭で紹介した他国作成による大学ランキングであり、研究水準の低下である。日本はより緊張感をもって、大学のレベル向上に励む必要があるだろう。

コラム3　独仏の研究が振るわないのはなぜか

勢いを欠く独仏のノーベル賞

図表3に記したが、戦前のノーベル賞受賞者（自然科学分野）において、アメリカが18名なのに対し、ドイツは36名、フランスは15名という数を残しており、各国にそこまでの差はない。しかし、戦後になるとアメリカの249名に対し、ドイツは34名、フランスは18名と、実に数倍もの差がついていることが分かる。

この状況を踏まえるに、現代における学問研究での存在感の低下は目を覆うほどとも言える。なぜ両国は戦前から戦後の一時期までに誇っていた伝統的な学問研究の輝きを失ったのだろうか。

まずドイツ。ドイツについては前述のコラムでも少し考察したが、そこではその研究水準の低下に関して二つの要因があるのでは、と指摘した。一つは、戦前と戦中におけるナチスのユダヤ人排斥運動の影響を受けて、優秀なユダヤ人研究者がドイツを離れて外国（特にアメリカ）に移住したこと。もう一つが、ドイツの大学の多くが州立大学のため、大学間格差がさほどなく、また優秀な教授や学生が特定の大学に集まることもなく、高い水準の研究業績の出る背景がなかったということである。

研究にまい進しにくい環境にあったドイツ

これら二つの理由に加えて、ドイツ独特の理由がさらに二つ考えられる。

第一に、戦後のドイツは東西ドイツに分裂し、西ドイツは資本主義の国、東ドイツは共産主義の国になった。西ドイツは戦争で破滅した経済の再興が国家の最大の目標となり、人々はその目標に向かってまい進した。そうすると教員も学生も、純粋な学問よりも、実用の学問である経済学・経営学や工学を勉強して、実業界で役立つ研究に精を出した。このことによって西ドイツは戦後の経済復興に成功し、見事な経済大国になることに成功した。いわば経済復興の陰で純粋学問が犠牲となったという側面がある。

一方の東ドイツはどうかといえば、共産党の一党独裁政権の下、学問研究は二の次となって、社会主義体制に向かうための教育方針が採用されるようになった。自由に学問をする研究や教育は認められないので、研究の進展は政治目標にならなかった。しかも西ドイツと比較して経済発展に失敗したので、研究資金も欠乏し学問研究が活発となる素地も余地も見出せなかった。

第二に、筆者の経験として、西ドイツの大学の先生方とよく会う機会があり、種々の情報を知りえたのだが、西ドイツの大学の教授は、一度教授の地位に就くと、社会で尊敬され、学内では自分の研究グループの組織の長として、教育においても予算執行などにおいても権限を持ち、自分の意思通りに動かすことのできる恵まれた地位にいた。彼らは、質量ともに優れた研究を出さなくとも、職の安定が保障され、小さな組織（若い教員、学生などを抱えている）の権威として君臨していた。そのような環境のなか、大学教授は研究にまい進する必要性がなかったこともあろう。

経済の弱体化とともに経済学先進国の地位を失ったフランス

次はフランス。筆者は、フランスについては過去に手掛けた本で、学問一般、経済学に関して述べているので参照されたいが、同国は、哲学、数学、理学、文学、芸術においては18世紀以降、世界的に傑出した学者、研究者、芸術家をそれこそ数多く輩出してきた。物理学ではキュリー夫妻、ベクレル、クーロン、アンペールの他数名、化学ではラヴォアジエ、ル・シャトリエ、パスツール（細菌学でも有名）などが列挙される。

筆者の専門である経済学に注目すれば、戦前、特に18~19世紀のフランスでは、ケネーとワルラスという二大経済学者を生み、彼らは経済学史上では巨人とみなせる人物だった。フランスとは経済学の強い国だったのである。他国の専門家はこの二人の古典的作品である『経済表』と『一般均衡理論』をフランス語で必死に読んだ。それほどフランスは経済学上での先進国だった。

ところが20世紀に入ると、経済学はアングロ・サクソン（英国と米国）が特に強くなり、フランスの地位は相対的に低下することとなる。これはアメリカ経済がダントツに強くなったのと比較して、フランス経済が相対的に弱くなったことと関係が深い。

戦前、経済学を学ぶためには、英語、フランス語、ドイツ語が必須とされたが、今や英語だけで十分となった。それほどアングロ・サクソンが支配しているのである。そして、言語で覇権を握れなかった独仏の低迷は、日本と同様の状況にあるとあらためて言えそうだ。

第五章

「大卒＝非エリート」時代の大学論——何のための公平か

■半数が大学に進学する時代に

いよいよ本書も最終章となった。

第一章、第二章では日本の大学を語るうえで欠かせない「公平さ」が本当に必要なのかどうか、入試を軸として検討を重ねた。続く第三章、第四章では大学の〝核〟とも言えるエリートと研究を軸として、今ほんとうに必要とされるものが何かを検討した。

そこで最終章では、ここまでで得られた知見をヒントとして、あらためて日本の大学の現状に向き合い、その未来を考えてみたいと思う。

文部科学省の統計『令和元年度学校基本調査』によると、2019年の日本人の大学（学部）進学率は53・7％。短大を含めれば、その進学率は58・1％、ほぼ6割にまで達していることが分かる。

なお1980年代の大学進学率は30％前後に留まっていた。しかし平成に入ってから、女子学生の増加とともに右肩上がりで上昇。90年代後半には大学・短大進学率の合計が50％台に突入し、大きく下がることなく今に至っている。

都道府県別で見ると、１位の京都府が65・87％、２位の東京都が65・13％、３位の兵庫県は60・90％、４位神奈川県60・70％であるのに対して、44位が鳥取県の43・31％、45位が鹿児島県の43・28％、46位は山口県43・06％、47位の沖縄県40・19％となっている。

なお厚生労働省の『賃金構造基本統計調査の統計データ（２０１９年度）』によれば、都道府県別年収ランキングのトップテン内に京都府、東京都、兵庫県、神奈川県がすべて入っている。またワーストテンのなかに鳥取県、鹿児島県、沖縄県が入っている事情を踏まえれば、県民所得の高い府県と低い府県とで大学進学率にはある程度の相関関係があり、大学進学率は家計所得によって左右されがちと言えるのかもしれない。

一方、「Education at a Glance'2019」をデータソースとしてＯＥＣＤ加盟国に注目すると、そのデータの２０１２年度版を比較資料とすることで、大学型高等教育への進学率を知ることができる。

これによると、日本は51・６％。ＯＥＣＤ平均が58・３％なので、平均よりやや低いことが分かり、それほどの高学歴社会とは言えないのかもしれない。ちなみに主要諸国では、アメリカ71・２％、韓国68・５％、イギリス67・４％、ドイツ53・２％、フランス40・８％であり、アメリカと韓国は既に大学卒業者が多数派になりつつある国であることも分かる。

大学の定義は国によって異なるので細かい国際比較は困難でもあるが、ともあれ、日本も他の先進国と比較して遜色のないレベルの大学進学率を備えつつある、ということは言えそうだ。

■教員に意図的な格差・差別を設けるアメリカ

では高まってきた大学進学率の先で、日本の大学はこれまで十字架のように背負ってきた「公平さ」をどう考えるべきなのか。

そもそもだが、大学は教える側の教授、学ぶ側の学生、それに事務をつかさどる事務職、そして管理と政策を担当する文部科学省という四者によって構成されている。それぞれが大学という学問の場を支える役割を担い、また変化への対応を求められているわけだが、ここでは特に前の二者、教授と学生に着目し、論じたい。

まず教授・教員においての公平さの取り扱いについて。学生の教育と、自己の関心に応じた研究の促進というのが、彼らの担う役割であることは誰もが理解するところである。理想を言えば、この二つを同時にうまくこなすのが最良の教授なのだろう。

しかし筆者の長年の経験から、またまわりの教授を見ていて、その両者を見事にこなせる人はごく少数であることも確かだ。研究により多くの時間を割けば、教育が犠牲になり、逆もまたしかり。両者を同時にうまくこなすには限界がある。

そこで筆者の持論となるが、すべての教授に教育と研究の両方を求めるのではなく、どちらかに特化する（すなわち研究に特化する人、教育に特化する人という）かたちで役割を分けるのが好ましいのではないだろうか。特に第四章などで触れたが、研究中心の人にはますます研究に励んでさらなる良い研究成果を出すことに集中してもらい、教育中心の人には教育技術を磨いてより良い教育を行い、学生の知識と技術を向上させることに集中してもらう。それこそが大学の機能を高める意味で望ましいと痛感している。

実際、研究で成果を上げ続けるアメリカの大学ではこうした区別・差別を意図的に行っていることは既に前章で触れた。

なおアメリカの大学では、教員を雇用するにあたって、新人は一定期間（6年間）の任期をつけて採用し、その間にその人の研究能力、業績を観察し、審査に合格した人にテニュア（雇用保障）を与え、終身雇用するという制度（テニュア制度）が積極的に導入されている。審査で将来高い研究業績を上げるだろうと評価された人は大学に残るが、可能性が低いと判断された人は大学を去らねばならない。いわば、研究のできる人とそうでない人の見極めを、比較的若い年代（20代後半から30代前半）において行っているのである。テニュアを取得した人々は研究能力の高い人の集まる研究中心の大学に在籍することとなり、取得できなかった人々は教育を中心にする大学に集まる。そしてこのことがアメリカにおける「大学間格差」をもたらす一つの要因ともなっている。

研究者としては実力を発揮できない人にも教育者としての道はきちんと用意されており、学生を教えることに優れた能力を発揮すれば、優良な処遇が与えられるよう策が講じられているというわけだ。

そしてアメリカの大学でのこうした教員の能力、業績に対する厳格な区分と、研究業績の高い人には高い賃金を、そうでない人には相応の賃金を与えるという政策は、続々と高い研究成果を出しているという結果からみるかぎり、それなりにうまく機能しているといえる。

■教授界を支配する「悪平等」とどう向き合うか

このように研究能力の高い人や研究よりも教育に注力する人などを厳格に区分して、その処遇に格差をつける人事政策は日本人になじまないのでは、と感じた人も多いかもしれない。確かに組織の「和」を大切にする日本的文化の中にあっては、アメリカのような過酷な区分は、日本の組織を破壊しかねないという声は根強い。また、大学教授になろうとする人の多くは、「自分が研究中心の教員になりたい」という希望を持って大学人になるのだし、研究での業績が低い人という烙印を押されることには抵抗があるだろう。

しかし、それらのことが勘案された結果、研究のできる人もそうでない人も平等に扱うという、誤解をおそれずに言えば「悪平等主義」が日本の大学の特質と言える状態を招いた。その結果として有能な人の海外への頭脳流出なども起こり、今では問題化しつつある。また先ほど紹介したテニュア制度も、日本においては若手にばかり適用され、結果として世代間格差を招いているといった指摘もあり、こちらも問題山積だ。

たとえば、日本では一度教授になれば、その後の研究業績の評価がほとんど問われない場合が多い。さらに、各大学では研究業績の差に対してはほとんど報酬での差を付けない、いわゆる年功序列による報酬制度が採られている。

こうした実情が、これまで見たように、最近の日本の研究水準（特に優秀な研究論文）が過去と比較して劣化傾向にあるという結果を生んでいると、筆者には思われてならない。起死回生のためには、研究能力の高い人には高い賃金を支払うという処遇と、潤沢な研究資金の提供という二つの政策の組み合わせ策が必要であるとあらためて主張したい。

かつて日本がまだ貧亡だった時代は、有能な研究者も高い所得を望むことなく、乏しい研究資金でも耐えて研究にまい進した。そして彼らを選抜するにあたっても、詰込み型の教育の先に待ち受ける一発入試で学力を調べれば、それで十分だった。しかしここまでに多くのページを割いて説明してきたように、そのやり方が社会のニーズを満たしていないのは、もはやだれの目にも明らかだ。

教育を見事に行い、優秀な学生を育て、社会に送り出している教授と、高い研究成果を出している教授の双方を優遇して、両者に高い報酬を与えてこれらの人の教育意欲と研究意欲をより高める政策が打ち出されるべきではなかろうか。不幸にして教育もダメ、研究もダメという人は、半分は本人の責任なので低い報酬もやむを得ないだろう。

ではどのようにして良い教授を選ぶか。これまで研究評価は述べてきたので、ここでは教育の評価を述べてみよう。これもまた課題となるが、アメリカの大学では、各学期の終了期に、学生による授業評価が行われている。教師の授業の準備、教え方、学生からの質問への対応などを問う、詳細なアンケート調査である。

日本の大学もアメリカの大学を真似て授業評価を導入するようになっているが、その結果をほとんど活用していないのが現状だろう。せいぜい優良教授を表彰状一枚で報いる、ということくらいしか聞こえてこない。

学生による授業評価を積極的に活用し、教員の人事評価と処遇に明確に反映させるという、既に海外の大学では当たり前になっている制度を活用すべき時期がきているのではないだろうか。

■必要なのは実学を教え、学ぶ体制

次に学生側についても考えてみたい。ここまで述べてきた事実をもとに、これからの学生に大学はどう向きあうべきだろうか。

日本の大学で学生を教育する上での最大の問題は、学生が勉強しないこととされてきた。その責任は大学にもあって、大学が学生を厳格に教育して、高い学識と技術を身につけさせ社会に送り出そうという思想と熱意に欠けている点が指摘される。一昔前は「大学はレジャーランドである」と言われ、大学には勉強するためではなく遊びに来る学生たちや、彼らの勉強意欲を引き出そうとするでもなく、つまらない授業を続ける教師たちの姿に批判的な声が上がった。

しかし大学そのものが競争にさらされる中で、さまざまな制度が導入され、多くの改革が施され始めた今、当時ほどは酷くはないだろうが、それでも大学卒業がそう容易ではない欧米と比較すると、大学側の教育にかける熱意やその根底をなす思想や方針において、日本の大学教育はまだ見劣りする印象がある。

だからこそ、筆者の案としては、既に述べたように教育に熱意を抱く、教育に特化した教授が増え、彼らが優れた教育を行うことを期待したい。

これも既に指摘したことだが、日本の大学教育には旧帝国大学の伝統が未だに残っていて、純粋学問を研究・教育するのが大学の役割と大学人側が思っており、旧来の学問（法律、経済、文学、理学など）を偏重し、社会に出て働くときに役立つ実学をさほど教えない傾向もみられる。

一方、その例外は医学・薬学・工学・農学で、これらの学部では卒業後の仕事に役立つ学問を教えている。問題はこういった学部で学ぶ人の数がそもそも少なく、大半は先に述べた伝統的な学問の学部で、さほど勉強もしないまま卒業していくことにもある。

しかし大学進学率が5割以上に達した現在、純粋学問をどこまで追求すべきか、急ぎ再検討が必要だろう。むしろ、大半の学生には、社会に出てからうまく仕事をこなせるような実学を施すことをより意識するべきなのではないだろうか。そうすることで、無味乾燥な学問を勉強して意欲を失うかわりに、卒業後の仕事のことを考え、真剣に勉学や技能訓練に励むようになると予想できるからだ。

その要因として、多くの学生が大学卒業後に就職するであろう企業側の変化も大きい。かつてであれば、入社後に新入社員らを教育し、訓練する余裕も風土も企業にあったし、入社するにあたって、学生にそこまでの知識や技能を求めてはいなかった。しかしその資金や育てるだけの時間がないほどに競争が激しい時代となり、企業が即戦力を望むようになったという事情もある。

いずれにせよ今必要なことは、教える側も実学で学生を鍛えるという強い意思をもち、一人前の職業人を育て上げるという気概で教育にあたることである。もともと日本の専修学校はこのような実学教育をしており、職業教育の一環としてかなり重要な役割を果たしてきたが、これだけ多くの学生が大学進学する現代、その精神なり教育方法を早急に大学でも導入すべきだろう。

■新学期開始はいつがいいのか

続く新型コロナウイルスによる混乱の最中、日本の新学期を4月開始から9月開始に移す案が浮上してきた。特にメディアだけではなく、政治家からもこの案が提唱されるなど、日本中で議論が沸騰した印象もあるが、ここで筆者の見解を記したい。

そもそもだが、この案が議論された主たる動機は次の二つである。

第一に、2020年の3月頃から学校の休校が始まり、新学期の4月からの授業が学校で行われなくなったという状況があった。

学校（小・中・高・大）での教育が停滞し、必要な学習時間が確保されていない。そうすると学力が停滞するので、いっそのこと9月から改めて新学期を始めて、学力遅行の回復を図ればよい、との主張であった。加えて、学校閉鎖の下でも資金豊富な私立校はオンライン教育によって勉強を続けていたが、それのできない公立校では学力が伸びず、新しい学力格差の発生がありえた。この学力格差の発生を見過ごすより、全部の学校の新学期を9月開始にする方が平等である、との理由もよく論じられた。

第二に、世界の先進国のほとんどは9月が新学期、という状況がある。

日本からの留学生、外国からの日本への留学生の双方にとって、9月開始というのは時間の空白を生まずに留学がスムーズに進むというメリットがある。留学に伴って生じる数カ月の空白は、留学生にとっては時間的かつ経済的な負担となりかねない。この論理には合理性のあることも確かだ。

以下、本書の執筆時点での最新事情を追って記していけば、２０２０年４月頃、各界から9月新学期案が提出され、それらの意図は同年の9月からの移行を希望するものであった。しかし、その提案に対して、たとえば日本教育学会などは「教育現場を知らない人の案にすぎない」といった反応で一蹴。拙速すぎるとの批判が発せられた。確かにその批判は正しいし、筆者も準備期間が必要と感じている。文科省も、日本教育学会の批判に応じるべく、２０２１年９月への移行を想定して、５月19日に二つの案、そしてその後三つ目の案を提出した。

第一の案は、２０２１年度の新入生のみに関し、２０１４年４月２日から翌年の４月１日までに生まれた子どもに加えて、翌年の４月２日から９月１日までに生まれた子どもを繰り上げて入学させるという、一斉実施案である。つまり、新入生は17カ月分が一学年になることを意味し、大人数の生徒となるので、先生と費用の確保が問題となるかもしれない。

第二の案は、２０２１年度新入生は、２０１４年４月２日から翌年の５月１日生まれまでとし、13カ月分の生徒とするもの。２０２２年度新入生は、２０１５年５月２日生まれから翌年の６月１日生まれまでとするように、５年間かけて毎年を13カ月分の生徒を新入生とするのだが、これは段階的実施案と呼ばれている。

第三の案は、ゼロ年生案と称されるもので、子どもたちは４月～８月はゼロ年生として過ごすことになる。２０２１年の場合は９月に２０１４年４月２日から翌年４月１日に生まれた12カ月分の生徒を入学させて、それ以降もすべて12カ月分で進む。これは各学年の人数は増えないが、小学生の期間が半年長くなることになる。

いずれの案にしても、人数の多少に違いはあるが、小学校教員の確保や幼稚園や保育所における混雑の発生など、さまざまな人員確保と費用の確保が必要となるだろう。オックスフォード大学の苅谷剛彦教授は、第一から第三の案によって差はあるものの、数千億円前後の負担が生じると計算している。政府はこの負担をどこまで背負う覚悟があるのか、そして第一案から第三案までの詳細な検討、そして９月移行案を実行に移すかどうか、やはり慎重な検討が必要であろう。

たとえば、必ず検討しなければならない点として、以下などが考えられる。

第一に、中央政府と地方政府の会計年度は4月から翌年の3月までの1年間なのに、学校年度を9月からにすれば、異なる二つの会計年度が生じるという点。

この点に関して世界各国の会計年度を調べると、1月—12月、4月—3月、7月—6月、10月—9月、とさまざまである一方で、学校年度は圧倒的に9月—8月が多い。つまり多くの国において、既に会計年度と学校年度は異なっているし、日本において両者が異なっても問題は小さい。また、混乱は移行期に集中発生すると予想されるが、移行期だけ半年間、あるいは1年半の予算・決算を策定すれば対処はできるはずだ。

第二に経済界との関係として、4月が企業の新人採用であるところに別の月の卒業者が増えてしまえば、学生の就職時期として問題になるという点。

しかしこれも現在では大きな問題ではない。その根拠として、そもそも4月の新入社員の一括採用方式がここ数年で崩れており、通年採用方式に移行すべきとの声が大きいこと。確かに4月や6月を卒業シーズンに定めれば、そこに多数が該当するだろうが、そもそも通年採用が原則となっていけば、ズレの問題は解消する可能性が高い。

なお後述するが、過去に東京大学が9月新学期案を世に問うたとき、経団連では賛成という反応がみられたし、今回も経済界は反対しないという可能性が高い。学業修了と就職の関係からすると、公務員試験、司法試験、医師国家試験、警察官や消防士の採用試験など、期日を変更させねばならないものがあるが、これらも準備期間さえ設ければ、そこまで大問題になるとは考え難い。

最後に、各家庭への負担についてはよく考える必要があるだろう。

4月から9月に新学期を移行させたとき、たとえば、学校にも行かなければ就職もしない、といった空白期間が数カ月生じる可能性が生まれる。こういう人に対しては、公費負担による各家計への補償が必要になるかもしれないし、政府もそれなりの覚悟でもって移行を実行せねばならないだろう。

もちろん経済的な問題だけでなく、心理的な負担も考慮する必要がある。移行期に関しては、生徒、学生、受験生、親、学校関係者、企業、役所など、あらゆる関係者が不安を感じ、心理的負担を大なり小なり抱えるだろう。当局はこれらの負担を最小にする努力をすべきであるが、一方で生徒、学生、教師、親といった当事者たちも、ある程度の負担を覚悟する必要はある。大改革を実行するには、ある程度の苦痛は避けられない。

先ほども触れたが、かつて東京大学は、2011（平成23）年から2012年にかけて、既に9月入学を考え、その案を世に問うた。主たる理由は、外国との新学期開始と合わせたいというものであった。しかし他の大学からの支持はほとんどなく、また社会からの賛同も得られず、この案は実っていない。概ね「空白の数カ月をどうするか」、「就職をいつから始めるか」、「小・中・高の学期をどうするか」といった点を鑑みて、コンセンサスを得られなかったのである。

一方、私的なことで恐縮であるが、筆者も日本の大学院の修士課程を3月に修了して、その年の9月にアメリカの大学院博士課程に進学した。その間の5カ月間、一般的には25歳という、自分で稼がねばならない年齢であるのにもかかわらず、恥ずかしながら親のすねをかじって生き延びた覚えがある。

この経験からも、9月移行が望ましいと考えているのは事実だ。しかしそれ以上に重要なこととして、外国から日本へ留学したいと希望している人のことを思えば、9月から新学期となるほうが好都合なのも間違いないし、より国際的な視野で運営していかなければならない日本の大学の立ち位置からも、やはり望ましいのではないだろうか。

2020（令和2）年6月、政府は同年の秋、そして翌年の秋に新学期を始める案を正式に棚上げとした。拙速はよくない、という判断であろう。しかし移行案そのものは、中期的には検討に値するものだ。また大学だけでも9月新学期にする案もありうる、ということは、国際基準に合わせるためにも、筆者自身の経験からも改めて記しておきたい。

■大学の役割を確認する

ここまで大学や教授、教員らに求めることを述べてきた。結果として、自ずと大学の役割、あるいは大学に期待することが明らかになったと感じている。ここであらためてそれを要約しておきたい。

（1）研究こそ大学の生命である

ノーベル賞受賞者のリストから明らかなように、世界トップクラスの優れた研究は、大学に所属する研究者によるものが圧倒的に多い。トップにかぎらずとも、優れた研究や技術、イノベーションを促進するのに役立つ学問なども大学から出ているのは明らかであり、今後も国の研究水準を支える力として、大学に期待される役割は大きい。

なお研究に関しては、企業も重要な地位を占めている。特に日本では、企業での製品開発や新しい技術の開発などで独創的な研究が出現する傾向がある。たとえば旭化成の吉野彰のように、企業に一社員として所属したまま研究を続け、ノーベル賞を受賞した人もいる。あるいはソニーの江崎玲於奈もそうだったが、彼は後にアメリカへと活動の場を移している。

いずれにせよ、第四章でも詳しく見たように、優れた研究を生むには、やはり潤沢な研究費が一つの条件となる。したがって大学に研究力の強化を期待するのであれば、当然だが、多くの研究費が大学へ投入されねばならない。

しかし現実を見れば、不幸にして日本はこの逆を進んでいる。研究費の支出を削りながら、良い研究をせよ、と言うのはまったく道理の通らないことであり、政府に猛省を促したい点の一つだ。

そして研究費の配分については、今後は、ある程度の「選択と集中」が必要であることも再述しておきたい。２０２０年現在、８００弱もの大学がある日本において、全員の大学人に平等な研究費を支出するような財源は存在しない。だからこそ、成果の期待できる大学、もしくは人へ多くの研究費を集める、というのは理にかなっている。

（2）教育は大学のもう一つの重要な生命である

2020年は特にコロナ禍の中、大教室に学生を集めて、という従来のやり方で授業を始められなかったこともあり、大学の授業料について、果たしてそのままでいいのか、もしくはオンライン中心の授業にしては高いのでは、といった議論が起きていた。

現実として大学は、学生から授業料を徴収することで教育を行うことができている。であれば、それに報いるためにも彼らが満足する教育を施し、卒業するときには一人前の社会人として社会に出ていけるよう、学生たちを指導し育てる義務もあるだろう。

なお学生に何を教育すべきか、という点に関しては、大別して三つの考え方がある。

第一に、優れた教養人として育てる教育、たとえばこれは教養教育などと呼ばれる。第二に、専門的な学識を蓄える教育、これは専門教育などと呼ばれる。第三に、社会に出てから就く仕事をうまく遂行できるような教育、これを実学教育と呼ぶ。

当然のこととして、理想はこの三つを満遍なく教育することである。しかし、教える側と学ぶ側の望むものがぴたりと合致することは稀だ。しかも、膨大な数の学生それぞれの異なる興味、能力に対して、三つをうまくすり合わせ、4年間という限られた期間ですべてを習得させるよう導くのは難しくもある。だからこそ各大学は、このうちどれにウェイトを置くのか、見極めて運営をすることが、これから先、ますます必要となるはずだ。

教養教育を重視する考え方の背景にあるのは、高い教養を備えた人が多くいる国は、自然と市民社会としての健全性や良質度が高くなるという世界観や価値観がある。極端な思考を持つ人を排して、良心的な人が多くなり、国が平和で安定するメリットがあるからだ。

専門教育が重視されるのは、本書で述べたフンボルト精神や日本の旧制帝国大学の流れに沿うものと言えるだろう。

実学の重視は筆者も、たびたび著書などを通じて主張してきたところでもある。経済学者の筆者が実学を重視するのは、ある意味当然かもしれないが、ただ現実を見れば、戦後の日本の大学では、教養教育と専門教育をほぼ同等に重視した一方で、実学教育はやや軽視される傾向にあった。

今もそうだが、たとえば、大学の前期2年間（ないし1年半）が教養課程での教養教育、後期2年間（ないし2年半）が専門課程での教育に割かれている反面、実学教育はその合間でなされる、といった状況が続いている。この点に関してアメリカの大学は、学部4年間が教養教育で、多少の専門教育もなされるが、主たる専門教育と実学教育は大学院で行われるといった形で切り分けられている。さらに、英仏独の大学は3年間にわたって専門教育を重視するのがその特徴だ。

歴史をさかのぼれば、日本の大学における2年間の教養教育の設置は、戦後のGHQ（連合軍総司令部）による教育改革の指示に応じたところが大きいとされ、また、教養教育を行っていた旧制高校が、新制大学の教養部に昇格したこともその要因として大きい。

こうした既存の大学制度に、2003年より、国立大学の法人化などの改革のメスが入り、その改革の流れのなかで、多くの大学で前期2年の教養課程が廃止され、教養教育の縮小と専門教育の拡大が目指されることとなった。1990年代から進められてきた大学院の制度改革にも拍車がかかり、2003年にはロースクール（法科大学院）やビジネススクール（経営大学院）といった専門職大学院が登場するなど、より実学教育を充実するための計画が進んだ。

しかしながらこの大学院重点化計画の成否を見るに、理工系大学院の隆盛はあるだろうが、法科大学院制度の失敗、ビジネススクールの低迷など、実学という意味での大学院教育は成功しているとは言い難いし、大学院教育を充実させて専門教育、実学教育を強化しようとした政策がジレンマに陥っていることを示している。

アメリカのように大学院教育を充実させると、学生の大学・大学院在籍期間が6年（修士課程を2年として）と長くなるので、奨学金などの学費の手当てが不可欠だ。しかしそれを今すぐに、というのは財政的に難しいだろうから、学部段階において学部の再編を行い、実学系の学部、学科を創設するなどの対策がとられるべきだと筆者は考える。

それもできないというのであれば、従来の学部で実学系の授業科目をもっと多く開講する手段しかないが、こうしていくうちに、改革の目的は、それを達成するための手段や技術に矮小化され、さらにその手段も「〜〜ができないならば」という現実的条件の下、小手先の方法へと転換されていくことになる。

状況を俯瞰すれば、あらためて大きな改革がまだまだ必要、と言わざるを得ない。

■教育改革のポイント1——学部

では筆者の考える具体的な改革のポイントとは何か。

まず学部教育の改革については、三つの面で、改革の必要があるだろう。

第一に、履修科目や単位の多さの解消である。

一般的に日本では、大学生が一年間に履修せねばならない科目なり単位が多すぎるきらいがある。多種多様の講義をできるだけ多く受講させて、学生の知識の幅を広げたいという意図であろうが、見方を変えれば、多科目を受講すれば、その分一つの科目当たりの勉強時間は少なくなる。

本来なら、一つの科目への予習、復習の時間を充分に確保し、かつ関連する文献を自分で読むとか、実験・実習の時間があってこそ、その科目の内容を深く学ぶことができる。大学の講義で教授から耳で聞いた知識よりも、自学自習や実験・実習を重ねて自ら学びとった知識の方がはるかに頭に残るし、次の上級科目を学ぶ際にも有用となるはず。広く浅くという、これまでの日本の大学教育で見られた特徴は、時代にあっておらず、急ぎ狭く深く学ぶ方針へ変換するのが望ましい。

第二に、専任教員による講義の増加だ。

日本の学部教育には専任教員による講義と比較して、他大学や他学部の教員などの専任ではない講師、もしくは非常勤講師によるその場しのぎにも近い講義のウェイトがとても大きいという特徴がある。特に私立大学においてその傾向が強い。

しかし非常勤講師については待遇などについて多くの問題が放置されているのも事実であ

る。現代の格差社会の象徴として、企業や役所では正規労働者と非正規労働者の間に大きな処遇上の格差があるが、大学も例外ではない。ここではそうした問題を横に置いたとしても、教育の質の向上を目指すのであれば、学生が学びたいと考えるその学問に精通した教員による講義の比率を、より充実させる必要がある。加えて大学教員の中でも教育に特化し、学生を教え導くことに情熱を傾ける人の数を増やすことも急ぎ考えるべきだろう。

最後に、対話型の講義を増やす必要もあると考えられる。

これまでの大学教育では、経費などの関係もあり、それぞれの教授が口頭を通じ、大人数の学生相手に一方的に進めていく講義が多かった。それを少人数主体のゼミナールや実習を増やし、討論を中心に据えた講義へ切り替えていくことで、より学生が主体的に、そして効率的に知識の定着や能力向上を図っていく仕組みを考えていくべきと考えられる。

■教育改革のポイント2――大学院

次に大学院の改革についてだが、前述のように新たな大学院制度の確立が２００３（平成15）年に行われたことで、その役割が表面上、制度上では飛躍的に大きくなった。ロースクールやビジネススクールといった独立大学院が創設されたことで、各学部の上にあった大学院の地位も格上げされた印象がある。

なお、これまで大学はあくまでも学部が研究・教育・管理といったすべての中心を担い、大学院はそれに付随する形で存在しているにすぎなかった。また大学院に進む学生は、各教授の下に就く徒弟制度の中におり、教授の研究の補助をしていた。

ところがここにきて、学問の進歩は著しさを極めている。一人前の研究者になるには学部レベルの学問水準では勝負にならず、それ以上の学識を、それこそ組織的に学ばなければならない段階に達している。

そこで、高い水準の学問を教え、学ぶ場としての大学院の役割にあらためて注目したい。大学院修士課程において、よりハイレベルの基礎的学問を習得して博士課程に進み、それから、一人立ちをするための研究生活に入ればどうか。もちろん指導教授の指導は受ける必要があるだろうが、本人の能力と努力が意味を持つ段階を設ければ、学生も自然と質の高い研究を行ったり、論文を書いて学術誌に公表したりし、徐々に研究者の卵として世間的に認められることになるはずだ。

■今求められる義務教育の役割とは

大学教育と高校教育に関してここまで述べてきたので、最後に、そこへ生徒を送る小学校と中学校という義務教育について少し論じたい。

日本は小学校教育がもっとも優れている一方で、中学校、高校、大学、大学院と上の段階に進むにしたがって教育の質が低下すると評されることが多い。逆にアメリカでは、大学院は最高の質を誇るが、下の段階に行くにしたがってその質が低下するといわれる。

筆者の実感としても、日米での教育を経験し、かつさまざまな制度を学んできた身としてあらためてそのように感じている。

たとえば２０１９年に発表された、ＯＥＣＤ加盟37カ国及び非加盟42カ国・地域で行われる大規模学力調査（ＰＩＳＡ２０１８）。15歳を対象に行われるこの調査の結果を見れば、日本は「読解力」15位、「数学的リテラシー」6位、「科学的リテラシー」5位というかなり高い位置にある。きちんと調査を行った15歳時点でもそうなのだが、小学生に絞れば、学力は今も世界の中でもトップクラスにあると言っても過言ではないだろう。

大学に関して言えば、学力の比較研究がほとんどないので明確なことは言えないが、アルバイトにいそしまなければならず、また研究や卒論に注力しなくとも卒業できるような環境にあれば、学力アップを期待する方が難しい。大学院となれば本書で示した通り、研究能力の向上に今一つ寄与できていない印象も覚える。

一方でアメリカの大学以下での学力の低さは世界的にも有名である。たとえば先ほど挙げたPISAの調査でも「読解力」が13位に入っているものの、「数学的リテラシー」、「科学的リテラシー」のいずれもトップ15位にすら入っていない状況にある。

普通の日本人の小学生が、アメリカの小学校に入学すれば、急に成績トップになる、というのは笑い話でもあるが、アメリカでは大学受験自体がそこまで困難ではないためか、中高でも、諸外国に比べてそこまで勉強に注力をしていない。

しかし大学を卒業するのが容易ではないため、学生は大学入学後に猛勉強することになる。さらに本書で記した通り、大学院では、厳しい競争にさらされるために、文字通り「身を削って」勉学に励み、それでようやく世界随一の学問水準が維持されているわけだ。

日本の義務教育が優れている理由は、小・中学校の先生方の高い勤労意欲による質の高い教育と、生徒側の適応力と勉学への意欲によるものなのは間違いなく、この点は大いに敬意を表したい。

ただその上で提言するなら、少子化の傾向が高まるなかで、今後小・中学校はもっと少人数教育に向かう必要がどうしても出てくるだろう。その意味で、既に少人数教育の先進国である北欧諸国、たとえばフィンランドなどから学ぶ点は多いはずだ。

そしてクラスの少人数化のためには、教員数の増加や学級数の増加などはもちろん、多くの費用がかかると思われる。なお近年よく知られるようになったが、日本の初等教育から高等教育の公的支出（対ＧＤＰ比率）はＯＥＣＤ加盟35か国のなかでも毎年最下位前後に位置するなど、先進諸国の中でもかなり低い水準にあるとされる。その事実を踏まえ、公的教育費支出を高めるなどし、必要な改革に取り掛かってもらいたい。

そうした先で、本当の意味での教育の「公平」が成立し、かつ世界と伍する優秀な学生やエリートを大学で育てることができると筆者は考えている。

おわりに

■大学改革と入試改革

本書執筆の動機は「大学入試共通テスト」の構想が頓挫して、宙に浮いている現状を憂えたことにある。そこでまずは大学入試制度を議論することから始めた。日本の入学試験が「公平性」に価値を置いているのは悪いことではないと述べたが、教育全般に関して入試以上に大切な「公平性」があるとも主張したことになる。

旧来の「共通一次試験（センター試験）」は試験問題がたとえ選択式であっても良問が多く、しかも、とりあえず公平に採点されていたのは事実で、そもそも「大学入試共通テスト」に変更する案が正しかったかどうかを筆者が判断するのはとても困難であった。

そこで「入試以外に関して、日本の大学はどのような問題やハードルを設定するべきで、どういう改革がありうるか」という問いについてかなりの話題を論じてみた。諸外国の大学の実情を知っている筆者の特色を生かして、外国の大学の良い点を学び、悪い点は学ばないようにと、比較検討を加えてみた。

あらためて記せば、大学の使命は良質な研究と教育、そして社会に有能な人材を送り出すことにある。そして大学進学率が5割以上に達する大学大衆化社会においては、研究に特化する大学・学部、あるいは教授・学生と、教育に特化する大学・学部と教授・学生に区分するのは合理的な方向性だと言えないだろうか。

この判断に対して反対論もあるはずだ。しかし、それに対する筆者の回答として、大学の目標を達成するには、研究に向いている人、教育に向いている人、というように、各人の特質を生かすことが大切であるということ、そして研究に特化する人が上（あるいは教育に特化する人が下）といった見方を筆者は決して持っていない、ということを強調しておきたい。

■東京一極集中をやめて生まれる「公平さ」もある

一方で、日本はほとんどの社会活動において東京一極集中が顕著である。

政治、行政、官僚は東京に集中しているし、経済活動においてもしかり。東京への企業の本社集中をはじめ、情報、広告、文化活動においても東京が圧倒的に有利な状況にある。

さほど語られないことであるが、大学と大学生も東京圏に集中している。それこそ日本の大学と学生数のおよそ4割が東京圏にある、と書けば、その異常さが伝わるかもしれない。

他の先進諸国では、どの国でも首都に大学があるとしても、地方にも有力な大学が多く分散している。たとえばアメリカ、イギリスなどでは、名門大学ほど地方にあるといっても過言ではない。フランスの大学こそパリに集中しているが、そのフランスですら、超名門校のENA（官僚養成校）のメインをパリからストラスブールへ移している。

なぜ日本では東京に大学が多いかといえば、長らく首都であり、人口の多いところに大学をつくるという流れがあったので、その伝統が今なお続いているのだろう。

しかしよくよく考えれば、大学は何も人口の密集地域にある必要はない。静かな環境の下で、教授と学生が研究と勉強に励むのもまた望ましい姿であり、先進国の多くはこの精神に忠実である。学生は大学の用意する寮に入り、都会の騒音に惑わされずに勉学に励む。日本でも、東京から茨城県つくば市に移った筑波大学（旧・東京教育大学）という例が既にある。

日本では、地方の高校生が東京へ進学する理由の一つとして、魅力ある大学が東京に多いこと、勉強もさることながら東京で華やかで楽しい学生生活を送れる可能性、そしてアルバイトの口が多い、といったものがある。実際、さほど勉強もせずとも、4年間の学生生活を送り、就職活動をうまくこなせれば仕事が多い東京で就職できる、となれば結局地元に戻らないわけで、これでは東京一極集中はますます進むだろう。

しかし今回のコロナ禍で、感染者数の多い東京に住むことを嫌う人も出てきた。オンラインやテレワークで仕事ができるようになった企業も増え、オフィスを東京に構える必然性も薄らいでいる。実は2011年の東日本大震災において東京も被害を受けたとき、東京一極集中は日本にとってリスクという声が高まったが、いつしかそれもそのときだけの話題で終わってしまった。それ以前においては首都移転話もあったほどであったが、日本経済が大不況に陥ったことで、いつしか立ち消えになってしまったのだろう。

今回のコロナ禍も収束すれば、東日本大震災と同じように人々はその脅威を忘れるかもしれない。しかし人間の歴史はペスト、スペイン風邪など疫病との闘いであり、現在もSARS、ノロウイルス、新型コロナなどの新しい疫病の危機のなかに私たちはいる。

また、地震、台風、大雨などの自然災害も多発しており、そのリスクにも常にさらされていることを考えるに、政府も国民もこれまでの認識を大きく変えなければならない時代に私たちは立っているとも言えそうだ。

企業が移り、人も移れば、大学も移ること必至であり、政府もその必要性に気が付いたのか、２０２８年までの10年間、東京23区内では大学等の定員を抑制し、大学キャンパスを新しく設置することを禁ずる法律が２０１８年に成立した。こうした流れをより積極的に促進することで生まれる「公平さ」はかなり多いように思われるし、大学が地方に移るインセンティヴを大胆に与えた政策を採用すべきではなかろうか。

地方にあっても素晴らしい大学であり続けることができる例として、たとえば秋田県秋田市にある国際教養大学や、大分県別府市にある立命館アジア太平洋大学などへの期待は大きい。そうした大学がなぜ今の時代にあって存在感を増しているか、といった大学別の検討についてはまた別の機会に譲りたい。

最後に、本書の完成に多大な貢献をされたお二人に感謝の言葉を述べておきたい。田中順子氏は本書の足りないところを積極的に補強され、中央公論新社の吉岡宏氏は読みやすくするために編集上で多大な貢献をされた。本書が少しでも良く仕上がっているのなら、お二人の力は絶大である。しかし、それでも残っているかもしれない誤謬と、内容に関する責任はすべて筆者に帰するものと記し、この本を締めたいと思う。

参考資料

猪木武徳（2009）『大学の反省』NTT出版
柏倉康夫（1996）『エリートのつくり方――グランド・ゼコールの社会学』ちくま新書
苅谷剛彦（1995）『大衆教育社会のゆくえ――学歴主義と平等神話の戦後史』中公新書
苅谷剛彦（2012）『アメリカの大学・ニッポンの大学――TA、シラバス、授業評価』中公新書ラクレ
苅谷剛彦（2012）『イギリスの大学・ニッポンの大学――カレッジ、チュートリアル、エリート教育』中公新書ラクレ
苅谷剛彦・橘木俊詔（2020）「入試大混乱の今こそ「エリート教育」に向き合え」『中央公論』2020年3月号
苅谷剛彦・吉見俊哉（2020）『大学はもう死んでいる？――トップユニバーシティーからの問題提起』集英社新書
志水宏吉・前馬優策（2014）『福井県の学力・体力がトップクラスの秘密』中公新書ラクレ
橘木俊詔（2009）『東京大学――エリート養成機関の盛衰』岩波書店
橘木俊詔（2013）『学歴入門』河出書房新社

橘木俊詔（2013）『「機会不均等」論――人は格差を背負って生まれてくる?』PHP研究所
橘木俊詔（2014）『実学教育改革論――「頭一つ抜ける」人材を育てる』日本経済新聞出版社
橘木俊詔（2014）『ニッポンの経済学部――「名物教授」と「サラリーマン予備軍」の実力』中公新書ラクレ
橘木俊詔（2015）『日本のエリート――リーダー不在の淵源を探る』朝日新書
橘木俊詔（2015）『フランス産エリートはなぜ凄いのか』中公新書ラクレ
橘木俊詔（2017）『子ども格差の経済学――「塾、習い事」に行ける子・行けない子』東洋経済新報社
橘木俊詔（2019）『〝フランスかぶれ〟ニッポン』藤原書店
橘木俊詔（2020）『教育格差の経済学――何が子どもの将来を決めるのか』NHK出版新書
橘木俊詔（2021）『フランス経済学史』明石書房（近刊）
中澤　渉（2014）『なぜ日本の公教育費は少ないのか――教育の公的役割を問いなおす』勁草書房
中室牧子（2015）『「学力」の経済学』ディスカヴァー・トゥエンティワン
広田照幸（2004）『教育』岩波書店
本田由紀（2009）『教育の職業的意義――若者、学校、社会をつなぐ』ちくま新書
ローマー、J（John E. Roemer）（1998）Equality of Opportunity, Harvard University Press

ラクレとは…la clef=フランス語で「鍵」の意味です。
情報が氾濫するいま、時代を読み解き指針を示す
「知識の鍵」を提供します。

中公新書ラクレ
714

大《だい》学《がく》はどこまで「公《こう》平《へい》」であるべきか
一《いっ》発《ぱつ》試《し》験《けん》依《い》存《ぞん》の罪《つみ》

2021年1月10日発行

著者……橘《たちばな》 木《き》俊《とし》詔《あき》

発行者……松田陽三
発行所……中央公論新社
〒100-8152 東京都千代田区大手町 1-7-1
電話……販売 03-5299-1730　編集 03-5299-1870
URL http://www.chuko.co.jp/

本文印刷……三晃印刷
カバー印刷……大熊整美堂
製本……小泉製本

©2021 Toshiaki TACHIBANAKI
Published by CHUOKORON-SHINSHA, INC.
Printed in Japan ISBN978-4-12-150714-3 C1237
定価はカバーに表示してあります。落丁本・乱丁本はお手数ですが小社販売部宛にお送りください。送料小社負担にてお取り替えいたします。
本書の無断複製(コピー)は著作権法上での例外を除き禁じられています。
また、代行業者等に依頼してスキャンやデジタル化することは、たとえ個人や家庭内の利用を目的とする場合でも著作権法違反です。

中公新書ラクレ　好評既刊

L698 東京レトロ写真帖

秋山武雄 著
読売新聞都内版編集室 編

15歳でカメラを手にしてから約70年。浅草橋の洋食屋「一新亭」を営むかたわら、趣味で撮りためた風景写真は、東京の貴重な記録となった。下町の風物詩や、よく知られた街の昔の姿、今は見ることがなくなった街の風景……。150枚以上の写真と逸話から、懐かしい景色が甦る。2011年12月から続く、読売新聞都民版の人気連載「秋山武雄の懐かし写真館」から72編を選んだ、中公新書ラクレ『東京懐かし写真帖』の続編。

L699 たちどまって考える

ヤマザキマリ 著

パンデミックを前にあらゆるものが停滞し、動きを止めた世界。17歳でイタリアに渡り、キューバ、ブラジル、アメリカと、世界を渡り歩いてきた著者も強制停止となり、その結果「今たちどまることが、実は私たちには必要だったのかもしれない」という想いにたどり着いたという。混とんとする毎日のなか、それでも力強く生きていくために必要なものとは？　自分の頭で考え、自分の足でボーダーを超えて。あなただけの人生を進め！

L704 大学とオリンピック 1912-2020
―歴代代表の出身大学ランキング

小林哲夫 著

日本のオリンピックの歴史は大学抜きには考えられない。戦前、オリンピックの精神として貫かれたアマチュアリズムに起因し、両者の親和性は極めて高い。実現には至らなかった1940年東京大会では、構想から大学が深く関わった。戦後、企業スポーツ隆盛の時代へと移ってもなお、大学生オリンピアンは不滅だ。1912年大会から2020年東京大会までを振り返り、両者の関係から浮かび上がる、大学の役割、オリンピックの意義を問う。